# POLYGLOTT on tour

# Polnische Ostseeküste

W0075506

Die Autorin
**Renate Nöldeke**

Unser E-Book-Code zur elektronischen Erweiterung des POLYGLOTT on tour. Das kostenlose E-Book enthält die im Reiseführer aufgeführten Adressen entlang der Touren, beispielsweise zu Essen und Trinken, Shoppen, Aktivitäten und Hotel-Tipps. Links auf einen externen Kartendienst vereinfachen das Auffinden dieser Adressen.

**Mit großer Faltkarte**
**& 80 Stickern**
**für die individuelle Planung**

www.polyglott.de

**SYMBOLE ALLGEMEIN**

 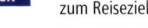 

Besondere Tipps der Autoren

Aktivitäten und Erlebnisse

Spannende Anekdoten zum Reiseziel

Top-Highlights und

Highlights der Destination

| | **TOUR-SYMBOLE** | | **PREIS-SYMBOLE** | |
|---|---|---|---|---|
| ❶ | Die POLYGLOTT-Touren | | Hotel DZ | Restaurant |
| ❻ | Stationen einer Tour | € | bis 29 EUR | bis 9 EUR |
| ① | Hinweis auf 50 Dinge | €€ | 30 bis 60 EUR | 10 bis 15 EUR |
| [A1] | Die Koordinate verweist auf | €€€ | über 60 EUR | über 15 EUR |
| | die Platzierung in der Faltkarte | | | |
| [a1] | Platzierung Rückseite Faltkarte | | | |

## Zeichenerklärung der Karten

beschriebene Region (Seite=Kapitelanfang)

**10** **E** **h** Sehenswürdigkeiten

**4** Tourenvorschlag

Autobahn

Schnellstraße

Hauptstraße

sonstige Straßen

Fußgängerzone

Eisenbahn

Staatsgrenze

Landesgrenze

Nationalparkgrenze

0      50 km

**OSTSEE**

Bornholm

Rügen

Greifswald

Anklam

Friedland

Pasewalk

Prenzlau

Schwedt

BERLIN

Frankfurt (Oder)

Świecko

DEUTSCHLAND

Cottbus

Dresden

**Stettiner Bucht S. 48**

Zatoka Pomorska

**1** **2** **3**

Międzyzdroje   Trzęsacz

Usedom

Świnoujście

**14** SZCZECIN (Stettin)

Pomellen

Kołbaskowo

Kamień Pomorski

Płoty

Trzebiatów

Kołobrzeg

**4** Koszalin

**Pommersche Küste S. 64**

Darłowo

Ustka

**2**

Słupsk

Bytów

**5**

Łeba

Krokow

Lębork

Danzig und Umgebung S. 7

**4**

Stargard Szcz.

Choszczno

Odra (Oder)

Gorzów Wlkp.

Warta

Kostrzyń

Świebodzin

Zielona Góra

Nowa Sól

POLEN

Szczecinek

Wałcz

Piła

Nakło

Chodzież

Chojnic

Gniezno

POZNAŃ (POSEN)

Kościan

Leszno

Jarocin

Warta

Nysa (Neiße)

Pomellen

# Top 12 Highlights

**1** Touren-Start

Perfekte Planung
Parallel Klappe vorne links aufschlagen

KALININGRAD (Königsberg)

zu Russland

Półwysep Helski

Hel

Zatoka Gdańska

Gdynia

Sopot

GDAŃSK (Danzig)

Mierzeja Wiślana

Krynica Morska

Frombork

Bartoszyce

Tczew

Sztutowo

Kadyny

Elbląg

Lidzbark Warmiński

Wolfsschanze

Kętrzyn

Giżycko

Augustów

Świeta Lipka

Pelplin

Malbork

Żuławka Sztumska

Olsztyn

Mrągowo

Mikołajki

Ełk

Grajewo

Masuren

Kwidzyn

Ostróda

Olsztynek

Piecki

Krutyń

Ruciane-Nida

Szczytno

Ermland und Oberland S. 120

Masuren S.135

Iława

Grudziądz

Radzyń Chełmiński

Chełmno

Bydgoszcz

Brodnica

Nidzica

Mława

Łomża

Ostrołęka

Toruń (Thorn)

Untere Weichsel S. 102

Ciechanów

Ostrów Maz.

Inowrocław

Wisła

Pułtusk

Włocławek

Płock

(Weichsel)

WARSZAWA (Warschau)

Siedlce

Sochaczew

Konin

Koło

Kutno

Łowicz

Garwolin

Łuków

Grójec

Kalisz

ŁÓDŹ

Rawa Mazowiecka

Menschenleere Strände und
ein unzersiedeltes Hinterland sind
typisch für Polens Ostseeküste

**TYPISCH**

# Die polnische Ostseeküste ist eine Reise wert!

Polens herrliche Ostseeküste und die masurischen Seen bieten viel Natur und Spaß an, in und auf dem Wasser. Für kulturelle Impulse sorgt die alte Hansestadt Danzig mit jungen Studenten, modernen Museen und experimentierfreudigen Köchen.

Die Autorin **Renate Nöldeke** verdankt die Begeisterung für Polen ihren Eltern, die gerne dort Urlaub machten. Seit ihrer Kindheit hat die Kunsthistorikerin, die nun in München lebt, das Land zwischen Oder und Bug, Ostsee und Tatra immer wieder bereist. Außer der Natur hat es ihr die bewegte Geschichte besonders angetan. Sie liebt die Polen für ihre herzliche Gastfreundschaft – und ihre Nachsicht gegenüber mangelnden Polnischkenntnissen.

Endlich Urlaub! Im Auto geht es der Morgensonne entgegen über Stettin nach Danzig. Links lockt die Ostsee, da reihen sich die goldgelben Sandstrände aneinander. Als Kind war ich das erste Mal in Polen: lange sandige Feldwege, klare Badeseen, Himbeeren, Paddeltouren und Lagerfeuer, hohe Dünen und Kiefernwälder. Die flirrenden Bilder vom sonnigen Ferienparadies an den westmasurischen Seen und der Ost-

Weite Rapsfelder tauchen die Landschaft im Sommer in ein Farbenmeer

*Auf dem Weg ans Frische Haff, über uns der weite Himmel*

son gerüstet. Der Trubel in polnischen Badeorten ist Ausdruck übersprudelnder Lebensfreude, großer Geselligkeit und Kinderliebe – einfach herzerfrischend und mitreißend. Aber hinter den Dünen wartet die Ostsee, leise rauschen die Wellen, rechts und links Sandstrand, so weit das Auge reicht. Badehandtücher und Fischerboote setzen vereinzelt Farbtupfen. Einmal frei und tief durchatmen.

Wolken ziehen mit mir dahin, längst steht die Sonne hoch am weiten Himmel. Ein heißer Sommertag Anfang Juni. Durch das offene Autofenster weht eine frische Brise. Kein Schlagloch hält mich auf – ach, wie schön ist Polen – und immer besser seine Straßen. Dank EU-Subventionen und der Fußball-EM 2012 hat das Land deren Ausbau schnell vorantreiben können.

In der Ferne ragen Kräne auf. Baukräne, denn in der Dreistadt (Trójmiasto), zu der neben Danzig

seeküste bleiben bis heute. Das triste Grau der 1970er-Jahre, die scharfen Grenzkontrollen, eintönigen Speisekarten, Pferdewagen, leeren Regale und langen Schlangen vor den Geschäften aber sind schon lange verschwunden.

Knallgelb blüht der Raps beiderseits der Schnellstraße. Dann ein Dorf, ein *Sklep*. Mit bunter Bierund Sonnenmilchreklame schreit er nach Aufmerksamkeit. Dabei ist der Tante-Emma-Laden längst auch Kneipe und Ortsmittelpunkt. Während ein paar Männer vor sich hin dösen, loben zwei Frauen die reifen Erdbeeren am Stand. Einige Mädchen und Jungen haben die Eistruhe geplündert.

Mit jedem Kilometer, die Straße bis zum Horizont im Blick, steigt die Lust aufs Meer. Zeit für einen Abstecher: Dąbki ist mit Grills und rustikalen Holzbänken, Sonnenschirmen und Sandförmchen bestens für die Hochsai-

*Schnell noch ein Stopp am Sklep – es gibt Proviant und nette Worte*

*An diesem lauschigen Plätzchen genieße ich die Stille Masurens*

Ärger! Die Schlange wird immer länger. Ein Automotor nach dem anderen schweigt. Die Gelassenheit der Polen ist ansteckend, was bleibt einem auch anderes übrig, als abzuwarten. Bienen summen vor dem Autofenster, am Rand eines Wäldchens leuchtet ihr gelb-rot-blauer Bienenstock. Enten lassen sich schnatternd auf einem Teich nieder, Kühe glotzen neugierig von einer Wiese herüber. Und schon springt die Bauampel wieder auf Grün, der Autotross setzt sich in Bewegung und rumpelt an der Baustelle vorbei. Ach, bald werden auch tiefe Schlaglöcher und Spurwannen nur noch Vergangenheit sein, werden Bürgersteige, Verkehrsinseln und Umgehungsstraßen viele Orte im Land verschönern.

*Objazd!* – Umleitung! Längst ist der Weg, besonders der Umweg, mein Ziel, sind alle Pläne über den Haufen geworfen. Befreit von Alltagsballast, Terminstress und Zeitdruck rolle ich tiefenentspannt durch die Landschaft. Masuren, das Land der 1000 Seen, ist überall schön. Mit Blumen und Schleifen geschmückte Wegkreuze wachen über Kreuzungen – hoffentlich auch über mich. Und über allem thronen auf Schornsteinen und Straßenlaternen die Störche in ihren wagenradgroßen Nestern. Die bringt auch nichts aus der Ruhe. *Pokoje wolne* – Zimmer frei – an einem namenlosen See, mit Boot, Badesteg und Fischen. Frei! So ein Glück!

das Seebad Sopot und die Hafenstadt Gdynia zählen, entstehen neue Museen, Gewerbegebiete und Wohnviertel. Auch auf dem Riesenareal der ehemaligen Leninwerft. Lastkräne erinnern an vergangene Zeiten, als hier der Weg in die Freiheit begann. Immerhin hatten die Danziger Werftarbeiter und der polnische Papst Johannes Paul II. einen großen Anteil daran, dass der Eiserne Vorhang 1989 fiel.

Meine Freiheit ist die Straße. Allmählich verschwindet die Stadt im Rückspiegel. Das platte Land ist nun von Kanälen durchzogen, Sümpfe schimmern zwischen den sattgrünen Wiesen, Störche suchen nach Fröschen, Brücken führen über Weichsel und Nogat ans Frische Haff. Kaliningrad ist gar nicht mehr weit. Unterwegs werden die Straßen schmaler, einsamer – und schlechter. Schattige Alleen folgen schnurstracks den Wellen der Endmoränen und ich ihnen – bis nach Masuren. Jeder Buckel ein Jauchzer, bis eine Baustelle mich ausbremst.

# Reisebarometer

Was macht die polnische Ostseeküste so besonders? Die endlose Weite zu Wasser und zu Lande, der hohe Himmel, die imposanten Hafenstädte und Ordensburgen? Wir zeigen die besten Seiten der Urlaubsregion.

10x richtig gut

### Beeindruckende Natur
Nationalparks, Dünen, Strände und dichte Wälder

### Sportliche Aktivitäten
Wassersport, Beachvolleyball, Radfahren, Angeln & Co.

### Kultur- und Eventangebot
Von Regatten über Ritterspiele bis zu Musikfestivals

### Museen und Besichtigungen
Vielfältige Erinnerungen an Polens bewegte Geschichte

### Kulinarische Genüsse
Von der Fischbude bis zum Gourmettempel

### Einkaufsmöglichkeiten
Bernsteingeschäfte und Strandutensilien

### Ungezwungener Kinderspaß
Große Sandkiste an der Ostsee, Ritterburgen, Baden, Paddeln und Bogenschießen

### Party und Ausgehen
Party am Strand und Chillen mit Meeresrauschen

### Wellnessbäder und -hotels
Wohlfühlmassagen und Kosmetikbehandlungen

### Preis-Leistungs-Verhältnis
Hotels in schönster Lage und Restaurants mit bestem Service – alles noch günstig

● = gut     ● ● ● ● ● = übertrifft alle Erwartungen

# 50 Dinge, die Sie ...

Hier wird entdeckt, probiert, gestaunt, Urlaubserinnerungen werden gesammelt und Fettnäpfe clever umgangen. Diese Tipps machen Lust auf mehr und lassen Sie die ganz typischen Seiten erleben. Viel Spaß dabei!

## ... erleben sollten

**(1) Drei Seen, eine Marina** Achtung! Beim Segeltörn ab Sztynort › S. 143, das günstig auf einer Halbinsel zwischen Mauer-, Kissain- und Lababsee liegt, sollten Sie die Badesachen nicht vergessen! Das Wasser glitzert einfach zu verlockend (Segelboot: 300 zł/Tag).

**(2) Fest im Sattel** Im gestreckten Galopp am Strand entlangpreschen, dass das Meerwasser nur so spritzt! Für erfahrene Reiter organisiert das Gestüt Michalski › S. 70 bei Kołobrzeg Ausflüge zu Pferd an die Ostsee (200 zł).

**(3) Ab in die Pilze!** Ausgerüstet mit Körbchen und Pinsel, genau wie die Polen, geht's im Herbst in die Johannisburger Heide. Getrocknet lassen die Pilze sich auch gut mit nach Hause nehmen. Hilfe bietet der Gutshof Łuknajno bei Mikołajki › S. 144 an.

**(4) ... 300, 301, 302 ...** der Aufstieg ist mühsam, lohnt sich aber, denn vom Turm der Marienkirche S. 87 in Danzig blickt man nicht nur über die alten Dächer der Hansestadt, sondern über die Mottlau hinaus bis zur Westerplatte.

**(5) Stettin Underground** Das weitverzweigte unterirdische Bunkersystem, das bis 1941 entstand, lockt in Stettins › S. 52 Unterwelt. Bei der Führung geht es fünf Stockwerke in die Tiefe, also warm anziehen! (ul. Kolumba 1/6, www.schron.szczecin.pl, tgl. 12 Uhr; 60 zł.).

**(6) Kinder an die Macht!** Feiern Sie zusammen mit polnischen Familien in Gdynia › S. 99 am 1. Juni den Weltkindertag. Es gibt Fressbuden, Gewinnspiele, Masken- und Kostümbildner an der Strandpromenade und einen Superspielplatz.

**(7) Grenzenloses Bikevergnügen** auf der Radtour, die von Świnoujście › S. 58 12 km zu den deutschen Kaiserbädern, über Ahlbeck und Heringsdorf bis Bansin führt – immer parallel zur Uferpromenade, (Radverleih: Usedom Rad, Bahnhof, Wojska Polskiego, www.usedomrad.de, 9 €/Tag; Rückfahrt mit dem DB-Regio-Zug, Erw. 3 €, Rad 5 €).

**(8) Im Schlamm suhlen** – eine Alternative zur Wanne voll Moor ist die Moorpackung mit gesundheitsförderndem Torf aus einem Moor nahe Kołobrzeg › S. 68 (Day Spa Gałązka Oliwna, ul. Mariacka 12/I, www.galazkaoliwna.pl, 110 zł).

**9** **Satz und Sieg** Der breite Sandstrand von Łeba › **S. 73** ist das beste Beachvolleyball-Feld, das man sich wünschen kann – Netze, Zuschauer und Mitspieler findet man vor Ort.

**10** **Auf Polens schönstem Fluss** Bei einer kurzen Paddeltour von Krutyń › **S. 145** aus auf der Krutynia bis Utka geht es teilweise unter einem dichten Laubdach hindurch; zwischendurch locken kleine Badestellen (13 km, 2er-Kajak/Tag 20 zł).

Zahlreiche Segler zieht es an die Masurischen Seen

## … probieren sollten

**11** **Ein Topf, viel Fantasie** Für Bigos, den gern in großen Kesseln gekochten polnischen Sauerkrauteintopf, gibt es diverse Rezepte. Richtig deftig mit Schweinebauch, Würsten und Speck ist er am besten. Eine gekonnte Mischung serviert das Lokal Pod Kogutem › **S. 57** in Stettin.

**12** **Kalte Rote-Bete-Suppe** Den *Barszsz* gibt es in vielen Variationen – kalt *Chłodniki z botwinki* genannt. Aus jungen Rüben und dem frischen Grün der Blätter zaubert das Ritz › **S. 94** in Danzig ein herrlich leichtes Sommergericht.

**13** **Pierogi Ruskie** Einfach (und) ein Klassiker: die Teigtaschen, gefüllt mit dem sehr trockenen polnischen Quark. Darüber kommen gebratener Speck und geröstete Zwiebeln. Himmlisch im Restaurant Goldwasser › **S. 94** in Danzig.

**14** **Räucherfisch** Unnachahmlich: das leicht holzige Aroma von Räucherfisch. Auf Hel › **S. 76** gibt es einige Räuchereien *(Wędzarnia Ryb)*. Tipp: der Heilbutt von Okienko (ul. Księdza Bernarda Sychty 135, 84-140 Jastarnia, www.okienko-jastarnia.pl).

**15** **Würzige Häppchen** Die Polen konservieren ihr Gemüse für den Winter in Essig oder Salzlake. Lecker eingelegte Gurken – am besten schmecken die mit Knoblauch – findet man am Stand vor der Danziger Markthalle › **S. 89**.

**16** **Bier im Sommer** Besonders polnische Frauen genießen ihr Bier gern etwas lieblicher als *Piwo z sokiem,* am besten mit einem Schuss Himbeer- oder Granatapfelsirup verfeinert, z.B. am dunklen Wasser der Nogat in Elblągs › **S. 124** Taverna Tortuga (Bulwar Zygmunta Augusta, Mobiltel. 730/05 63 56).

**17** **Bier im Winter** Weihnachtliche Wohlgefühle entfacht *Gzrane Piwo,*

Der schiefe Turm von … Thorn

und auf der Zunge zergehen lassen, z. B. am Hafen bei U Eli (Promenada Portowa, Abrahama 1).

**㉑ Fische wollen schwimmen** Eine masurische Fischsuppe spiegelt den Fischreichtum der Region: Zander, Hecht, Forelle, Wels, Aal. In der Tawerna Siwa Czapla › **S. 142** in Giżycko schmeckt sie mit frischer Petersilie fein und nicht zu würzig.

**㉒ Lody, Lody, Lody – Eisberge** Die Polen lieben ihr Softeis, das sich in vielerlei Farben und Geschmacksrichtungen in unglaubliche Höhen schraubt. Garantiert nicht ins Rutschen gerät hingegen das auf einer saftigen Waffel *(gofry)* mit frischen Erdbeeren und Sahne verkaufte Eis des Cafés Skwerek auf dem Weg zum Pommernkai (Nabrzeże Pomorskie) – in Gdynia › **S. 99**.

ein Glühbier, geschmacklich verfeinert mit Honig, Sternanis und Nelken, mit Orangen, Ingwer und Zimt, z. B. auf dem Danziger Weihnachtsmarkt (5.–23. Dez.) › **S. 82**.

**⑱ Frau in Form** Nicht nur zur Weihnachtszeit: Sie müssen unbedingt die mit Schokolade überzogenen Honigkuchen in Thorn › **S. 110** probieren. Ihre weiblichen Rundungen sollen einer Bäckerin namens Katrin nachempfunden sein, daher heißen sie Thorner Katrinchen.

**⑲ Masurisches Wild** Um Wild, etwa einen Wildschweinrücken, so perfekt zu braten wie die Masuren, bedarf es einiger Geduld, muss er doch in einer Buttermilchbeize erst mürbe gemacht werden. Also gehen Sie lieber ins Restaurant, z. B. den Jagdhof Potocki Gałkowo › **S. 144**.

**⑳ Plattes Land, platte Fische** Fischbratereien *(smażalnia ryb)* bieten in Łeba › **S. 73** gegrillte Flundern *(flądra)* an. Einfach den frischen Fisch mit der Holzgabel zerpflücken

## … bestaunen sollten

**㉓ Sahara-Feeling** Über hohe Sandberge schweift der Blick von der Wanderdüne Łącka › **S. 73** – weit, weiter, noch weiter – und flimmernd am Horizont: die Ostsee. Das ist keine Fata Morgana!

**㉔ Altar der Solidarität** In der Danziger Brigittenkirche besticht der Hauptaltar › **S. 89** mit Bernstein in all seinen Farbschattierungen. Bei wechselndem Licht ändert sich auch der Farbeindruck, sodass die Skulpturen, Reliefs und Leuchter immer anders, fast lebendig wirken.

**25 Farbtupfen am Strand** Am herrlich langen Sandstrand zwischen Darłówko › S. 71 und Dabki ziehen die Fischer morgens ihre bunt bemalten Boote mit dem Fang an Land. Eine wahre Augenweide.

**26 Wem die Stunde schlägt** Über dem Eingang der Klosterkirche in Kartuzy › S. 100 schwingt ein Todesengel als Uhrenpendel seine Sense, um den Gläubigen bei jedem Schlag zu vergegenwärtigen, dass ihre Zeit auf Erden begrenzt ist.

**27 Himmel und Hölle** Beim Betrachten von Hans Memlings Triptychon »Das jüngste Gericht« (1471/73), das im Original nicht mehr in der Danziger Marienkirche › S. 88, sondern im Nationalmuseum hängt, wähnt man sich eigentlich im Paradies – so detailverliebt malte er das Jenseits aus.

**28 Schätzchen** Die goldglänzende Schreinmadonna im Diözesanmuseum von Pelplin › S. 116 offenbart aufgeklappt eine anbetungswürdige Kreuzigungsszene.

**29 Himmlischer Tanz** Zur Musik der Orgel in Święta Lipka › S. 140 bewegt sich das üppig vergoldete Schnitzwerk: Sterne drehen sich, Englein schwingen ihre Posaunen, spielen Laute, Erzengel und Maria neigen das Haupt.

**30 Bilderrausch** Der Expressionist Ignacy Witkiewicz vermerkte auf seinen Bildern, welche Droge ihm beim Malen half, manchmal reichte ein einziges Bier, manchmal musste es jedoch ein halluzinogener Peyotl-Kaktus sein, wie man im Regionalmuseum von Słupsk › S. 72 erfährt.

**31 Pfeifensammlung** Welch stilvolles Laster Rauchen im 18. Jh. war, als man noch glaubte, Bernstein neutralisiere die schädliche Wirkung des Tabaks, zeigen die Pfeifen der Bernsteinsammlung in der Marienburg › S. 116: Die feinen Schnitzarbeiten zeigen z. B. Papageien, Meerungeheuer oder Pferde.

**32 Schieflage** Man wundert sich, dass man, fest angelehnt an den schiefen Turm in Toruń › S. 108, dennoch aus dem Gleichgewicht gerät. Versuchen Sie es!

# … mit nach Hause nehmen sollten

**33 Erinnerungen wie Sand am Meer** Der feine Sand dringt bei einem Ostseeurlaub wie in Swinemünde › S. 58 ohnehin durch jeden Reißverschluss, in Tasche und Badehose – also einfach eintüten, zu Hause im Bad oder auf dem Balkon beschwören Sie damit herrliche Strandgefühle herauf.

**34 Fleißiger Bienchen Arbeit** Putzmunter summen die Bienen durch die polnische Natur und sammeln süßen Honig – *Miel*. Besonders köstlich ist der Waldblütenhonig aus der Johannisburger Heide. Achten Sie auf Hinweisschilder und

Verkaufstände an der Landstraße 610 zwischen Ruciane-Nida und Utka › **S. 144**.

**(35) Gold der Ostsee** Echter Bernstein ist nicht billig, wenn Sie bei seriösen Händlern kaufen. Die Galeria S & A › **S. 92** in der Danziger Frauengasse bietet eine breite Auswahl, darunter auch modische Ohrringe für jüngere Leute (ab 80 €).

**(36) Danziger Goldwasser** Ein süßer Digestif, gewürzt mit Anis, Zimt und Nelken. Und die flirrenden Goldkonfetti machen in Flasche und Glas einen edlen Eindruck. Eine kleine Flasche (40 ml) bekommt man günstig für 12 zł z. B. in der Danziger Markthalle › **S. 89**.

**(37) Aus Pappe: Lech Wałęsa** Polens geschichtlicher Wandel als Bastelbogen zum Ausschneiden: Eine Anziehpuppe des Werftarbeiters und Streikführers auf dem Weg in die Freiheit – vom Gewerkschaftsführer im Blaumann zum Staatspräsidenten im Anzug. Verkauf im Danziger Solidarność-Zentrum › **S. 90**.

**(38) Sommer im Cremetigel** Die Pharmazeutin und Grand Dame der polnischen Kosmetikszene Dr. Irena Eris begann 1984 Cremes anzurühren und zu vertreiben. Die Körpercreme »Spa Resort Capri«, die so schön nach Sonne und Urlaub duftet, bekommt man in jeder Drogerie Natura und natürlich im Wellnesshotel der Unternehmerin bei Ostróda › **S. 133**.

**(39) Wild-Ost-Romantik** Als Erinnerung an die guten masurischen Wildgerichte, zu denen gerne leicht nussig-buttrig schmeckende Buchweizengrütze *(Kasza gryczana)* serviert wird, und als Inspiration für die eigene Küche, sollten Sie sich im Supermarkt mit Kasza eindecken, etwa in der Galeria Galaxy › **S. 57** in Stettin.

**(40) Pfeil und Bogen** Für Kinder sind die Souvenirstände vor der Marienburg › **S. 116** eine wahre Freude, denn hier gibt es nicht nur Ritterschwert, Schild und Helm, sondern auch Pfeil und Bogen in allen Größen und schon mal mit lila Plüsch für den besseren Griff.

**(41) Fromme Weisen** Die CD des Organisten von Frombork › **S. 127** lässt einen himmelhoch jauchzen bei der Erinnerung an den herrlichen Dom, Kopernikus und den atemberaubenden Blick in die Sterne über dem Frischen Haff.

Ein besonderer Tropfen: Danziger Goldwasser

Herrliche Sandwege durchziehen die schützenswerten Dünenlandschaften

## … bleiben lassen sollten

**42 Unhöflichkeiten** Der Mann hält der Dame die Tür auf, hilft ihr in den Mantel – und verteilt sogar Handküsse. Zucken Sie nicht zurück. Der polnische Mann ist ein Gentleman, und Damen sollten sich über Komplimente herzlich freuen.

**43 Kritik an der katholischen Kirche** Die Polen sind meist gläubige Katholiken, die den Papst tief verehren. Man sollte daher auf kritische Äußerungen verzichten.

**44 Polenwitze** Die Polen haben Humor, aber auch ihren Stolz. Abgedroschene Pointen über Autodiebstahl o. Ä. werden weder dem Fortschritt im Lande noch der feinen Ironie der Menschen gerecht.

**45 Bernstein von Straßenhändlern** Es ist viel Plastik im Handel. Echten Bernstein erhält man bei anerkannten Schmuckgeschäften und Designern, wo er seinen Preis hat.

**46 Wild campen** ist verboten. Es gibt genug gepflegte, direkt an den Dünen gelegene Campingplätze.

**47 Dünenschutz missachten** Die Dünen und ihre Bepflanzung sind ein wichtiges Element des Küstenschutzes. Deshalb: nur auf den dafür vorgesehenen Pfaden betreten.

**48 Strand vermüllen** Vor allem der Zerfall von Plastikmüll dauert lange. Möwen fressen alles und verenden dann qualvoll.

**49 Auf Straßenregeln pochen** Fahren Sie defensiv! Die Polen sind stolz auf ihre PS-starken SUVs und zeigen bei rasanten Überholmanövern risikofreudig bis todesmutig, was so ein Auto kann.

**50 Phosphor sammeln** Sie sind von Bernstein kaum zu unterscheiden, selbstentzündlich und führen zu Verbrennungen: die Phosphorklumpen, die als Relikte der Bombardements im Zweiten Weltkrieg bis heute angespült werden.

# Die Reisewelt
# von POLYGLOTT

Mit POLYGLOTT ganz entspannt auf Reisen gehen.
Denn bei 150 Titeln ist der richtige Begleiter sicher dabei.

## POLYGLOTT on tour

Der traditionsreiche Reiseführer mit
einzigartigem Tourenkonzept für
entspanntes und facettenreiches Reisen

**INKLUSIVE GRATIS
NAVI-E-BOOK**

mit allen Adressen zu
Essen, Trinken, Shoppen,
Hotels und Aktivitäten

## POLYGLOTT zu Fuß entdecken

Die schönsten Metropolen zu Fuß
und mittendrin entdecken

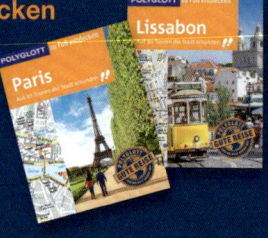

## POLYGLOTT auf Reisen

Sehnsuchtsziele echt erleben – mit
ausgiebigen Touren, beeindruckenden
Bildern und opulentem Magazinteil

## Geführte Tour gefällig?

Wie wäre es mit einer spannenden Stadtrundfahrt, einer auf Ihre
Wünsche abgestimmten Führung, Tickets für Sehenswürdigkeiten
ohne Warteschlange oder einem Flughafentransfer? Buchen Sie
auf www.polyglott.de/tourbuchung mit rent-a-guide bei einem der
deutschsprachigen Guides und Anbieter weltweit vor Ort.

## www.polyglott.de

# Was steckt dahinter?

Die kleinen Geheimnisse sind oftmals die spannendsten. Wir erzählen die Geschichten hinter den Kulissen und lüften für Sie den Vorhang.

## Warum gibt es in Masuren so viele Störche?

Der Nordosten Polens ist mit seinen offenen Landflächen, dem niedrigen Pflanzenbewuchs und vielen feuchten Wiesen geradezu ein Schlaraffenland für die Schreitvögel. In jedem Ort nisten Weißstörche, oft gleich mehrere Paare – gerne mit Überblick auf hohen Schornsteinen, Strom- und Lichtmasten. In Żywkowo nahe der russischen Grenze kommen sogar 45 Storchenpaare auf neun Bauernhöfe und 35 Einwohner.

## Wohin weisen Dreieck und Kreis den Weg?

Stehen daneben die erklärenden Worte *toaleta* oder WC, kommt man der Örtlichkeit auf die Spur – aber: Welche Tür ist die richtige? Für all diejenigen, die es eilig haben: Dreieck für die Männer, Kreis für die Frauen. Warum? 1928 sicherte sich ein polnischer Wollfabrikant das Werbemonopol für Toilettentüren. Sein Firmenlogo, Dreieck im Kreis, fand bald getrennt und den Geschlechtern zugeordnet einen Platz im Alltag. Warum auch immer. Wo der eine für sein Geschäft wirbt, haben die anderen eines zu verrichten. Egal ob es sich um stilisierte Pissoirs und Klobrillen handelt bzw. breite Schultern und Uterus. Einfach merken!

## Was bedeuten die Kreuze an der Straße?

Meist stehen sie an Kreuzungen, an Ortsein- und -ausfahrten, die Wegkreuze. Man möge an Wegesecken, wo man sich zu begegnen pflegt, Kreuze errichten, soll Papst Leo III. um das Jahr 800 angeordnet haben. Manche sind schlicht, andere üppig verziert; sie sind aus Holz, Metall oder Stein gefertigt, häufig ist an den Kreuzen eine Marienstatue angebracht. Früher hielt man hier auf dem Weg zur Feldarbeit an, um zu beten, heute rasen die Autofahrer vorbei – dabei haben sie im polnischen Straßenverkehr göttlichen Beistand nötig.

## Wo ist die Kaffeemaschine?

Wundern Sie sich nicht, wenn Sie in Ihrem Ferienhaus oder -apartment nicht das vertraute Equipment zum Kaffeekochen vorfinden. Obwohl auch in Polen längst ein regelrechter Kult um die schwarze Bohne herrscht, trinken viele privat ihren Kaffee *po turacka*. Auf türkische Art heißt seit Zeiten des Kommunismus allerdings: Der gemahlene Kaffee wird direkt mit kochend heißem Wasser übergossen. Früher sogar mehrmals. Serviert und trinkt man ihn zu hastig, erfährt man auf der eigenen Zunge, warum dieser Kaffee polnisch auch *Plujka* (Spuckkaffee) genannt wird.

Die Fischkutter am Strand von Misdroy
bieten ein malerisches Bild

# REISE-PLANUNG & ADRESSEN

# Die Reiseregion im Überblick

**Ein heller Gürtel feinen Sandstrands zieht sich über 500 km von der deutsch-polnischen Grenze auf der Insel Usedom Richtung Osten; landeinwärts liegen Seenplatten, von denen die masurische die schönste ist.**

Die **Stettiner Bucht** reicht von der unteren Oder bis zur Küste. Sie umfasst das Delta des Flusses, der sich hier zu einem riesigen Haff weitet und mit drei Armen, vorbei an den Inseln Usedom und Wolin, in die Ostsee mündet. Einen Besuch lohnen vor allem Stettin sowie das Seebad Międzyzdroje, das zugleich der beste Zugangsort zum Woliński-Nationalpark ist.

Vielfältig ist auch die **Pommersche Küste:** Niedrige Kliffs wechseln ab mit sanft ansteigenden Dünen. Spektakulär präsentiert sich der Słowiński-Nationalpark, wo sich zwischen zwei Strandseen und das Meer ein Dünengebirge schiebt. Westlich von ihm liegen traditionsreiche Seebäder wie Kołobrzeg, Darłówko und Ustka; östlich ist die Küste einsam und wild – ein naturbelassener Strand reiht sich an den nächsten.

Im Osten schließt sich die **Danziger Bucht** an: Die alte Hansestadt bildet zusammen mit dem mondänen Badeort Sopot und der Hafen-City Gdynia die von den Polen sogenannte Dreistadt. Landeinwärts erreicht man in einer knappen Stunde die **Kaschubische Schweiz**.

Oder man begibt sich ins **Erm- und Oberland** zwischen Frischem Haff und Masurischer Seenplatte. Ebenso wie die Region **an der unteren Weichsel** stand das Gebiet lange unter der Herrschaft der Deutschordensritter. Sehenswert sind die Marienburg und Thorn, eine intakte mittelalterliche Universitätsstadt – beide UNESCO-Weltkulturerbe.

Und wer in die Natur abtauchen will, fährt nach **Masuren**, ins Land der dunklen Wälder und kristallenen Seen.

---

### Daran gedacht?

**Einfach abhaken und entspannt abreisen**

- [ ] Reisepass / Personalausweis
- [ ] Führerschein / Zulassungsbescheinigung Teil 1 / Grüne Versicherungskarte
- [ ] Flug- / Bahntickets
- [ ] Kreditkarte
- [ ] Krankenversicherungskarte / Medikamente
- [ ] Ladegeräte für Handy, Tablet, Kamera
- [ ] Sitter für Pflanzen und Tiere besorgen
- [ ] Briefkastenleerung organisieren
- [ ] Kühlschrank / Mülleimer leeren
- [ ] Hauptwasserhahn abdrehen
- [ ] Fenster schließen
- [ ] Heizung runterstellen (im Winter)

# Klima & Reisezeit

**Das Klima Nordpolens ist mit dem in Norddeutschland vergleichbar. Der kontinentale Einfluss sorgt jedoch für größere Beständigkeit: Die Winter sind kalt, die Sommer meist heiß – je weiter östlich, umso ausgeprägter.**

Die östlich von Masuren gelegene Suwałki-Region wird auch »polnischer Nordpol« genannt, denn dort wird es bis zu –37 °C kalt. Winterurlaub an der Küste ist nur etwas für Hartgesottene; dagegen sind die tief verschneiten masurischen Seen und Wälder ein echter Geheimtipp – eine Märchenwelt aus Kindertagen.

Im November/Dezember und von März–Mitte Mai ist das Wetter unberechenbar. Danach wird es beständiger.

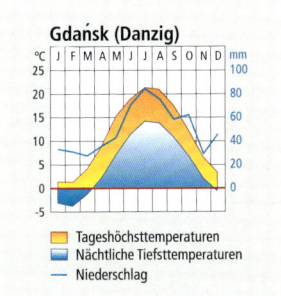

Der sonnige August ist die beste Reisezeit, während es im Juli häufig regnet. Der Ostwind bringt meist längere Perioden guten Wetters mit sich, der – leider häufigere – Westwind beschert Abkühlung und Wolken.

Die bevorzugte Reisezeit vieler Landeskenner ist der goldene Herbst von September bis etwa Mitte Oktober, wenn der masurische Wald zur bezaubernden Farbkulisse wird. Der Touristenstrom ist dann bereits abgezogen, und die Tage sind häufig noch spätsommerlich warm und sehr sonnig.

# Anreise

## Mit dem Flugzeug

- **Lufthansa/LOT:** von München und Frankfurt/Main nach Danzig, von Berlin, Düsseldorf, Frankfurt/Main, Hamburg, München und Stuttgart nach Warschau. Von Warschau weiter mit Flug, Zug oder Bus nach Danzig oder Stettin, www.lufthansa.de, www.lot.com
- **Eurowings:** von Berlin, Dresden, Düsseldorf, Hamburg und Leipzig nach Warschau, www.eurowings.com
- **Wizzair:** von Hamburg, Frankfurt-Hahn und Dortmund sowie von Köln-Bonn und Wien nach Danzig, www.wizzair.com
- **Ryanair:** von Düsseldorf-Weeze nach Bydgoszcz, www.ryanair.com
- **Small Planet:** von Köln-Bonn nach Olsztyn-Mazury (Juli/Aug), www.smallplanet.aero

## Mit dem Auto

Wer mit dem eigenen Wagen durch Polen reist, braucht die Zulassungsbescheinigung Teil 1, den nationalen Führerschein und ein Nationalitätskennzeichen. Falls Sie mit einem fremden Auto fahren, benötigen Sie zudem eine »Nutzungsbevollmächtigung vom Fahrzeughalter« (formlos).

## Mit der Bahn

Viermal täglich verkehrt der Berlin-Warschau-Express mit Anschlusszügen von Poznań z. B. nach Thorn und weiter nach Olsztyn (Masuren). Auf der Strecke Berlin–Stettin gilt der günstige Tarif des Verkehrsverbunds Brandenburg-Berlin (www.vbb.de). In Stettin kann man umsteigen in Züge nach Danzig und Masuren sowie an die Ostseeküste.

## Mit dem Bus

Polen ist von vielen deutschen Städten aus bequem mit dem Bus erreichbar. Zur Auswahl stehen zahlreiche regelmäßige Verbindungen von Veranstaltern wie Eurolines, Flixbus, Polskibus und Sindbad-Reisen.

## Per Schiff

Im Sommer fahren Ausflugsschiffe von Usedom (Heringsdorf, Bansin, Ahlbeck) nach Świnoujście und Międzyzdroje (www.adler-schiffe.de).

# Reisen im Land

## Mit der Bahn

Per Bahn (www.pkpsa.pl) erreichen Sie viele Orte, doch sind die Züge an der Küste langsam und oft überfüllt; Expresszüge verkehren nur zwischen den großen Städten. Die Fahrkarten kauft man am Schalter im Bahnhof (Dworzec PKP), eine Platzreservierung ist empfehlenswert. Wer volle Abteile scheut, kauft sich die 50 % teureren Fahrkarten der ersten Klasse. Bahnpässe (Interrail Poland Pass, www.polrail.com) für drei, vier, sechs oder acht Tage lohnen nur für Vielfahrer; vor Ort gibt es günstige Wochenend- bzw. Familientickets. Auf den Bahnhöfen kann man Rucksack und Koffer in sicheren Gepäckaufbewahrungen deponieren (*przechowalnia bagażu*).

## Mit dem Bus

Zwischen den polnischen Ortschaften und Großstädten verkehren Überland- bzw. Fernbusse. Der nationale Autobusverkehr wird vom Unternehmen PKS unterhalten. Viele Fernbusverbindungen bedient Polski Express. Die Busbahnhöfe (Dworzec PKS) sind meist zentral gelegen – oft mit direktem Anschluss an die Eisenbahn. Fahrkarten für Fernbusse kauft man am

Bahnhof, aber für Nachzügler besteht auch die Möglichkeit, diese beim Fahrer zu erwerben. Darüber hinaus gibt es zahlreiche Privatfirmen, deren Kleinbusse auf bestimmten Strecken verkehren; kleinere Dörfer sind oft nur auf diese Weise erreichbar. Fahrkarten erhält man ausschließlich beim Fahrer.

## Mit dem Flugzeug

Die Flughäfen in Bydgoszcz (Bromberg), Gdańsk (Danzig), Szczecin (Stettin) und Olsztyn-Mazury (Allenstein-Masuren) fliegt die polnische Airline LOT von Warszawa (Warschau) aus an (www.lot.com).

## Mit dem Auto

Zielona Brama (Grünes Tor) in Danzig

Der Zustand der Straßen ist im Allgemeinen gut. Es gelten die folgenden Geschwindigkeitsbegrenzungen: innerorts 50 km/h (23–5 Uhr: 60 km/h), außerhalb 90 km/h, auf einspurigen Schnellstraßen 100 km/h, auf zweispurigen 120 km/h und auf Autobahnen 140 km/h. Die Promillegrenze liegt bei 0,2. Ganzjährig ist Abblendlicht auch tagsüber vorgeschrieben. Aufgepasst, Straßenbahnen haben grundsätzlich Vorfahrt! Der Abschluss einer Kurzkasko- und einer Insassenversicherung ist empfehlenswert. Bei Unfällen ist man verpflichtet, die Polizei zu benachrichtigen (Tel. 997 oder 112).

## Mit dem Mietwagen

Im Land gibt es inzwischen Niederlassungen aller großen internationalen Leihwagenfirmen mit Preisen, die den deutschen entsprechen. Um in Polen ein Auto mieten zu können, benötigen Sie den Reisepass, müssen mindestens 21 Jahre alt und seit einem Jahr im Besitz des Führerscheins sein.

## Stadtverkehr

In jeder größeren Stadt verkehren **Busse, Straßenbahnen** und in einigen Städten auch **Oberleitungsbusse,** meist von 5.30 bis 23 Uhr. Für Nachtbusse gilt ein höherer Tarif. Die Fahrkarten *(bilety)* kauft man an Automaten, Schaltern und Kiosken. Man muss die Tickets beim Einsteigen entwerten. Eine Art S-Bahn verbindet die Städte Danzig, Sopot und Gdynia.

Wer ein **Taxi** nimmt, sollte prüfen, ob der Taxameter eingeschaltet wurde. Nach 22 Uhr sowie an Sonn- und Feiertagen erhöht sich der Fahrpreis um 50 %.

# Unterwegs mit Kindern

## Auf kleinen und großen Meeren

Egal ob mit der normalen Fähre oder dem Ausflugsboot, per Wikinger- oder Piratenschiff: Überall an der Küste kann man im Sommer aufs Meer hinausfahren. Besonders groß ist das Angebot in Świnoujście, Międzyzdroje und Kołobrzeg; von Danzig schippert man über die Bucht zur Spitze der lang gestreckten Halbinsel Hel.

Bootsausflüge machen auch auf den vielen masurischen Seen Spaß. Für kurze und lange Segeltörns bieten sich die Häfen von Giżycko und Mikołajki als Ausgangspunkte an. Die Seen, genauso wie Kanäle und Flüsse, z. B. die Krutynia, sind bestens geeignet für Paddeltouren mit Kanu oder Kajak – und viele, viele Badestopps unterwegs.

## Ahoi auf dem Museumsschiff

Nicht nur auf dem Wasser, auch auf dem Land kann man an Bord gehen. In Gdynia wurde der elegante Dreimaster **Dar Pomorza** zum Museum; daneben liegt das mächtige Kriegsschiff **Błyskawica**. In Danzig lässt sich ein Besuch der **Sołdek** gut mit dem des **Zentrums für Maritime Kultur** (Ośrodek Kultury Morskiej) verbinden. Mit seiner Ausstellung »Menschen-Schiffe-Häfen« vermittelt es interaktiv einen kindgerechten Einblick in Bootsbau, Schifffahrt, Meere und Unterwasserwelt.

- **Dar Pomorza** [E1]
  al. Jana Pawła II | 81-345 Gdynia
  www.nmm.pl,
  Juli/Aug. tgl. 10–18 Uhr, Febr.–Juni,
  Sept./Okt. Di–So 10–16 Uhr, Eintritt
  8/5 zł

- **Sołdek** [c3]
  Ołowianka 9–13 | 80-751 Gdańsk
  www.nmm.pl, Juli/Aug. tgl. 10–18,
  Febr.–Juni, Sept./Okt. Di–So 10–16
  Uhr, Eintritt 8/5 zł
- **Ośrodek Kultury Morskiej** [c3]
  ul. Tokarska 21–25 | 80-888 Gdańsk
  www.nmm.pl, Juli/Aug. tgl. 10–19,
  Febr.–Juni, Sept.–Nov. Di–Fr 10–16,
  Sa/So 10–18, Dez./Jan. Di–So 10 bis
  16 Uhr, Eintritt 8/5 zł, Familienticket
  (2 Erw., 3 Kinder): 20 zł

## Action & Fun im Aquapark

Wasserwelten lassen sich auch »indoor« erleben. Im **Aquapark Sopot** warten Wasserfälle und endlos lange Rutschen, ein künstlicher Wildwasserfluss und der größte Whirlpool Polens. Nicht weit entfernt, in Gdynia, lockt ein großer **Abenteuerspielplatz** mit gewaltigen Hüpfburgen, Klettergarten und Quadstrecke.

- **Aquapark Sopot** [E1]
  ul. Zamkowa Góra 3 | 81-713 Sopot
  www.aquaparksopot.pl
  Tgl. 8–22 Uhr, Eintritt 23/18 zł pro Std.
- **Adventure Park**
  **Gdynia Kolibki** [E1]
  ul. Bernardowska 1 | 81-553 Gdynia
  www.adventurepark.pl
  Tgl. 9–19 Uhr, Eintritt ab 10 zł, gezahlt
  wird je nach den gewünschten Aktivitäten und Attraktionen.

## Wisente, Robben, Seepferdchen

Vor den Toren Międzyzdrojes liegt der Woliński-Nationalpark mit einem **Wisentgehege** › S. 62. Von einer Aussichtsplattform kann man dem trägen »König der Wälder« in die Augen schauen. Dynamischer sind die Robben, die man durch Pool-Panoramafenster beobachten kann. Danziger Biologen haben die **Robbenstation** in Hel eingerichtet. Höhepunkte sind die Fütterungen (tgl. 11 und 14 Uhr). Noch mehr Meerestiere bietet Polens größtes **Aquarium** in Gdynia: In einem künstlichen Korallenriff tummeln sich Fliegende Fische, Engelshaie und Seepferdchen.

- **Woliński Park Narodowy** [A2]
  Zugang ul. Leśna, dann 1 km zu Fuß
  Rezerwat Żubrów
  72-500 Międzyzdroje
  www.wolinpn.pl
  Mai–Sept. Di–So 9–18, sonst Di–Sa
  9–16 Uhr, Eintritt 6/4 zł
- **Fokarium** [E1]
  ul. Morska 2 | 84-150 Hel
  Tel. 058/6 75 08 36 | www.fokarium.pl
  Tgl. 9.30–17 Uhr, Eintritt 5 zł
- **Gdynia Akwarium Gdyńskie** [E1]
  al. Jana Pawła II 1 | 81-345 Gdynia
  Tel. 058/7 32 66 01
  www.akwarium.gdynia.pl
  Juli/Aug. tgl. 9–21, Juni tgl. 9–20,
  April/Mai, Sept. tgl. 9–19, Okt.–März
  Di–So 10–17 Uhr, Eintritt 24/16 zł

Spiel, Spaß und Action am Meer

# Sport & Aktivitäten

Aktivurlauber finden an Polens Ostseeküste zahlreiche Betätigungsmöglichkeiten: vom Wassersport bis hin zu Radtouren durchs Hinterland.

## Wassersport

Wassersportfreunde, ob mit Kanu, Kajak, Segel- oder Hausboot unterwegs, finden in den Seengebieten Nordpolens ihr Paradies. Außerdem kann man das herrliche Nass natürlich auch auf dem Surfbrett oder einfach auf der Luftmatratze genießen. Ausrüstungen werden in allen größeren Ferienorten vermietet. Beliebte Wassersportzentren mit modernen Marinas sind Giżycko › S. 141 und Sztynort › S. 143.

Mit dem eigenen oder einem gemieteten Boot können Sie in Masuren Hunderte von Kilometern schippern: Die größten Seen zwischen Węgorzewo (Angerburg) im Norden und Ruciane (Rudschanny) im Süden sind durch Kanäle und Schleusen verbunden. Das Gebiet ist so weitläufig, dass man die Natur vielerorts in völliger Abgeschiedenheit genießt. Die gängigen Hausboottypen darf man ohne Führerschein lenken. Wenn Sie ein Segel- oder Motorboot chartern wollen, brauchen Sie überall in Polen zumindest den internationalen Sportbootführerschein »Binnen Segel & Motor«. Den Internationalen Bootsschein fürs eigene Boot kann man beim deutschen Segler-Verband (www.dsv.org) beantragen.

Auch die Oberländischen Seen bei Iława (Deutsch-Eylau) erlauben es, weite Strecken ohne Unterbrechung, inklusive des Oberländischen Kanals › S. 122, allein von Wind oder Muskelkraft angetrieben, zurückzulegen. Man übernachtet ganz romantisch auf einem der mehr oder weniger offiziellen Biwakplätze an den Ufern.

Die wohl schönste Kanustrecke führt 100 km auf der Krutynia (Kruttinna) durch 16 Seen von Sorkwity bis zur Mündung in den Jezioro Bełdany (Beldahnsee) › S. 145. Als attraktive Alternative gelten die Flüsse Radunia (Radaune) in Kaschubien, Czarna Hańcza östlich von Masuren sowie Drawa (Drage) und Parsęta (Persante) in Pommern.

---

**! Erst- klassig**

### Die erholsamsten Wellnessangebote

- **Amber Baltic** in Międzyzdroje: entspannende Wellness- und Beautywochen. › S. 60
- **Jantar Spa** im Kurpark von Kołobrzeg: historische Villa wenige Schritte vom Strand. › S. 70
- **Bryza** auf Hel: Anwendungen von der Aromatherapie bis zur Zen-Meditation. › S. 77
- **Hotel SPA Dr. Irena Eris** bei Ostróda: Die Grande Dame der polnischen Kosmetikszene sorgt für entspannte Gesichtszüge. › S. 133

Radtouren durch den Norden Polens bieten unvergessliche Landschaftsimpressionen

**Polnischer Kanutenverband**

(Polski Związek Kajakowy)

Dort bekommt man auf Anfrage detaillierte Routenvorschläge.

- ul. Jana Kazimierza 45
  01-248 Warszawa
  Tel. 022/8 37 14 70 | www.pzkaj.pl

## Wandern

Polen besitzt einige der schönsten Wandergebiete Europas. Im Norden bieten sich Masuren und die Nationalparks mit markierten Pfaden an; Karten gibt es an Kiosken und in Buchhandlungen. Zeltplätze und Herbergen liegen am Rande der Parks. Von Deutschland aus werden organisierte Studien- und Wanderreisen angeboten.

## Radfahren

Nordpolen ist das ideale Urlaubsland für Radfans, und ganz vorne liegt Masuren. Die abwechslungsreiche, hügelige Landschaft ohne allzu steile Strecken ist besonders reizvoll. Von Elbląg führt der markierte Radweg »Greenvelo« am Frischen Haff entlang und im Grenzgebiet zur russischen Exklave Kaliningrad durch Ermland-Masuren (http://greenvelo.pl).

Schnellstraßen sollte man meiden, denn über diese rollt teilweise der Schwerlastverkehr Richtung Litauen und Weißrussland.

Wer möchte, kann seinen Drahtesel auf den meisten Bahnstrecken problemlos transportieren (mit einem Gepäckticket, 50 % des regulären Fahrpreises). Nur bei wenigen Intercityzügen ist dies nicht möglich. Erkundigen Sie sich vorab, ob die Mitnahme erlaubt ist und Gepäckwagen bereitstehen. Ansonsten verleihen viele Hotels in Masuren Räder, z. B. in Mrągowo › **S. 139**.

## Reiten

Der Reitsport ist in Polen ausgesprochen beliebt und gut organisiert. Es gibt zahlreiche Gestüte, Pferdehöfe und Reitzentren, z. B. in Gałkowo bei Ruciane-Nida › **S. 144**.

**Polnischer Reitverband**

(Polski Związek Jeździecki)

Infos über Reitmöglichkeiten und Höfe erhält man auch beim polnischen Fremdenverkehrsamt › S. 153.

- ul. Karola Miarki 11 d
  01-496 Warszawa
  Tel. 022/4 17 67 00 | www.pzj.pl

## Angeln

Die Ostsee und vor allem die herrlichen Masurischen Seen sowie die sauberen Flüsse der Region sind ein wahres Dorado für Angler. Es darf nur mit Erlaubnis und natürlichen Ködern geangelt werden. Den Angelschein sowie Infos zu Schonzeiten, Schonmaßen und Tageslimits erhält man in größeren Hotels, in den örtlichen Reisebüros oder beim Anglerverband:

**Polnischer Anglerverband**

(Polski Związek Wędkarski)

- ul. Twarda 42 | 00-831 Warszawa
  Tel. 022/6 20 89 66 | www.zgpzw.pl

## Golf

Im Sozialismus als angeblicher Luxussport tabu, entstanden Polens Golfplätze erst nach der Wende. Der älteste Platz des Landes ist zugleich auch der schönste: Er heißt **Amber Baltic,** liegt auf der Insel Wolin am Rand des Nationalparks und hat einen 18- und einen 8-Loch-Parcour (ul. Bałtycka 13, 72-514 Kołczewo, Mobiltel. 514/02 12 18, www.abgc.pl). Einen weiteren Golfplatz gibt es ca. 30 km südwestlich von Danzig (**Gdańsk Golf & Country Club,** 83-042 Postołowo, Tel. 058/6 83 71 00, www.golf.com.pl).

# Unterkunft

Vom einfachen bis zum luxuriösen Hotel, vom Motel bis zum Privatzimmer – jeder wird ein Plätzchen finden, um sein müdes Haupt zu betten.

In den Ferienregionen sowohl an der Küste als auch um die masurischen Seen gibt es zahlreiche komfortable, in jüngerer Zeit renovierte oder neu erbaute Hotels. Größter Anbieter auf dem polnischen Markt ist Orbis mit den Accormarken Ibis, Mercure, Novotel und Sofitel, an zweiter Stelle folgt Gromada. »Schlafen wie die Grafen« kann man in historischen Hotels, die sich teils in aufwendig restaurierten oder wiederaufgebauten Schlössern befinden (www.hhpoland.com).

Doch aufgepasst! Im Juli und August sind in Polen Schulferien. Dann verbringen neben vielen Deutschen auch etliche Polen ihren Urlaub an der Küste und in Masuren – eine vorherige Zimmerbuchung ist in diesem Zeitraum sehr zu empfehlen.

An den Schnellstraßen sind in den letzten Jahren **Motels** wie Pilze aus dem Boden geschossen, die mit ihrer einfachen Ausstattung auf der Durchreise eine günstige Alternative sein können.

Schlosshotel Krokowa

In Masuren sowie an der Ostseeküste sind **Privatzimmer** sehr beliebt. Die Touristeninformationen oder Zimmervermittlungen *(biuro zakwaterowania)* finden immer eine passende Unterkunft. Häufig sind freie Zimmer am Haus angezeigt *(noclegi* oder *pokoje wolne)*.

Ferienhäuser von privat findet man im Internet, z. B. unter www.ferienhaus-polen.net; Ferien auf dem Bauernhof vermittelt u. a. www.agroturystyka.pl. Neben ganzjährig geöffneten Jugendherbergen (www.hihostels.com) gibt es vor allem in Danzig zahlreiche einfache Hostels. Schlichte Unterkünfte in Ferienheimen und kleine Hotels – meist auf dem Land – vermittelt auch die polnische Gesellschaft für Touristik und Heimatkunde (http://obiekty.pttk.pl).

An der Ostseeküste und um die masurischen Seen gibt es zahlreiche **Campingplätze.** Die Plätze der obersten Kategorie besitzen häufig ein Restaurant und ein Lebensmittelgeschäft und sind bewacht. Auf vielen kann man auch schlichte Bungalows oder Hütten mieten. Die meisten Plätze sind vom 15. Juni bis zum 30. September geöffnet. Die Preise sind im Vergleich zu Deutschland, Österreich und der Schweiz noch immer verhältnismäßig günstig. Unbewachte Zeltplätze *(miejsca biwakowe)* liegen zwar meist malerisch, haben aber keine sanitären Einrichtungen. Wildes Campen ist in Polen verboten. Ein Verzeichnis der Plätze erhalten Sie beim Polnischen Fremdenverkehrsamt › S. 153 oder unter www.pfcc.eu.

**Die charmantesten historischen Hotels**

.............................................

- **Podewils** in Krąg: Hotel im größten Ritterschloss Pommerns, direkt am See. › S. 70
- **Hotel Apollo:** seit dem 19. Jh. die Topadresse am Strand von Darłowo. › S. 71
- **Neptun:** ehemaliges Kurhaus auf einer Sanddüne am Strand von Łeba. › S. 73
- **Zamek w Krokowej:** in wunderschönem Park gelegenes Schlosshotel, einst Sitz der Familie von Krockow. › S. 75
- **W Zamku:** Burghotel in Bytów mit mittelalterlichem Ambiente. › S. 101
- **Hotel 1231:** schickes Boutiquehotel, untergebracht in einer ehemaligen gotischen Mühle des 13. Jhs. in Thorn. › S. 111
- **St. Bruno:** verwinkelt-gemütliches Burghotel an der Drehbrücke in Giżycko. › S. 142

Die 511 m lange hölzerne Seebrücke
von Sopot ist ein Touristenmagnet

# LAND &
# LEUTE

# Steckbrief

- **Einwohner:** 7,4 Mio.
- **Regionale Gliederung:** unterteilt in die Woiwodschaften Zachodniopomorskie (Westpommern), Pomorskie (Pommern), Warmińsko-Mazurskie (Ermland-Masuren)
- **Flüsse:** Weichsel 1047 km, Oder 752 km in Polen, Drewenz 253 km
- **Berge:** Der 329 m hohe Wieżyca (Turmberg) ist die höchste Erhebung im Norden des Landes.
- **Größte Städte:** Danzig 465 000, Szczecin 405 000, Bydgoszcz 354 000, Gdynia 247 000, Thorn 203 000 Einwohner

- **Religion:** 87 % der Polen sind römisch-katholisch.
- **Landesvorwahl:** 00 48
- **Währung:** Złoty
- **Zeitzone:** MEZ

## Lage

Polens Norden erstreckt sich gut 500 km entlang der Ostsee von der Grenze zu Deutschland im Westen bis zur russischen Grenze des Kaliningrader Gebiets im Osten.

## Politik und Verwaltung

Nach dem Ende des kommunistischen Systems im Jahre 1989 wurde Polen mit der Verfassung von 1997 präsidiale Republik. Die Nachwendezeit war durch häufige Regierungswechsel zwischen den Post-Solidarność-Parteien (Regierungen 1989–1993, 1997–2001) und den sozialdemokratischen Postkommunisten (1993–1997, 2001–2005) charakterisiert. Die nationalistische Partei »Recht und Gerechtigkeit« (PiS) wurde 2007 von der neoliberalen Bürgerplattform (PO) unter Donald Tusk abgelöst, doch seit den Parlamentswahlen 2015 hat die PiS wieder die Mehrheit im *Sejm.*

Außenpolitisch gehört Polen seit 1999 zur NATO und seit 2004 zur EU. Aber nach dem strikt proamerikanischen Kurs bei der Stationierung von US-Raketen auf polnischem Boden sorgt derzeit die zunehmende EU-Kritik der PiS für Kontroversen mit den Verbündeten.

Erster Mann im Staat ist der Präsident, der für fünf Jahre gewählt wird (seit 2015 Andrzej Duda). Seine Befugnisse sind weitgehend repräsentativ. Bei der Verwaltungsreform 1999 wurden aus 49 Woiwodschaften 16 größere Einheiten, die Bundesländern vergleichbar sind.

## Wirtschaft

Der Übergang vom Sozialismus zur Marktwirtschaft in den 1990ern wurde nach dem damaligen Finanzminister »Balcerowicz-Schocktherapie« genannt. Als zäh erwies sich die Restrukturierung der Schwerindustrie, die 100 000 Bergarbeiter den Arbeitsplatz kostete.

Noch heute arbeiten gut 15 % der Polen in der Landwirtschaft, viele davon auf Minihöfen, die nur der Selbstversorgung dienen. Nur größere, wettbewerbsfähige Betriebe erhalten EU-Direktbeihilfen. Ausländische Investoren sind stark präsent – angelockt von Billiglöhnen und einem großen Absatzmarkt. Im Zuge der Rezession 2009/2010 kehrten viele der rund 2 Mio. Gastarbeiter aus Großbritannien und Irland zurück.

## Bevölkerung

Vor 1945, als die Ostseeküste zum Deutschen Reich gehörte, lebten dort mehrheitlich Deutsche. Als Folge von Vertreibung und Auswanderung ist ihre Zahl auf einige Tausend geschrumpft. Die meisten heutigen Bewohner sind Nachkommen von Zuwanderern aus Zentralpolen und von Vertriebenen aus den nach 1945 unter sowjetische Herrschaft gefallenen Ostgebieten Vorkriegspolens, hinzu kommen zwangsumgesiedelte Ukrainer.

## Sprache

Polnisch ist eine westslawische Sprache und am engsten mit den sorbischen Sprachen verwandt; es ist auch dem Slowakischen ähnlich und – entfernter – dem Tschechischen. Das Kaschubische, das in der Danziger Gegend noch von rund 50 000 Menschen gesprochen wird, ist eine eigenständige Sprache.

## Religion

87 % der Polen sind Katholiken. Die 15 000 Kirchen des Landes sprechen für sich. Die Macht der Kirche ist geschichtlich begründet: Im 19. Jh. war sie eine Bastion des Polentums gegen die Besatzungsmächte, diese Rolle behielt sie während der NS-Besatzung und sogar während des kommunistischen Regimes bei. Gleichwohl bröckelt die kirchliche Macht. Kaum ein jüngerer Pole will sich vom Vatikan in Fragen der Empfängnisverhütung, Scheidung und Abtreibung etwas vorschreiben lassen. Mit der Demokratie hat die Kirche ihre politische Funktion verloren und mit der fortschreitenden Verwestlichung der Gesellschaft ihre ideologische Stärke.

Die Polen sind sehr traditionsverbunden

# Geschichte im Überblick

Die Ostseeküste ist seit der Steinzeit u. a. von ostgermanischen Stämmen besiedelt, die vom 4. Jh. an nach Westen auswandern. An ihre Stelle treten seit dem 6. Jh. slawische Stämme.

**1000** Das erste Bistum Pommerns wird in Kolberg (Kołobrzeg) gegründet, besteht aber nur 16 Jahre und führt nicht zur gewünschten Christianisierung der Pomoranen.

**1121** Der polnische Herzog Bolesław III. erobert Stettin und erteilt Otto von Bamberg den Auftrag, Pommern zu christianisieren.

**1128** Infolge der zweiten Missionsfahrt Ottos von Bamberg erkennt der Stettiner Herzog Wartislaw I. die Oberhoheit des Deutschen Reiches an. Die Christianisierung ist mit der Gründung des Bistums Cammin (1176) abgeschlossen. Durch die deutsche Ostbesiedlung ändert sich in den nächsten 300 Jahren die ethnische Zusammensetzung in Pommern, bis der deutsche Bevölkerungsanteil überwiegt.

**1230** Konrad I. von Masowien spricht dem Deutschen Orden das Kulmerland zu. Dieser verpflichtet sich im Gegenzug, die benachbarten Prußen zu unterwerfen. Der Orden gründet einen theokratischen Staat, in dem sich deutsche Siedler niederlassen. Die Städte schließen sich später der Hanse an.

**1308–1309** Die Ordensritter besetzen das seit 1294 polnische Pommerellen mit Danzig (zuvor eigenes slawisches Herzogtum).

**1410** Vernichtende Niederlage des Deutschen Ordens in der Schlacht bei Tannenberg (poln. *Grunwald*) gegen Polen-Litauen, das unter der Jagiellonen-Dynastie Großmacht wird.

**1466** Der Zweite Thorner Frieden beendet den Dreizehnjährigen Krieg zwischen dem Deutschen Orden und den durch hohe Steuerlast gebeutelten Bürgern, die sich der polnischen Krone unterstellen. Vom Ordensland fallen Pommerellen, Kulmerland, Marienburg und Elbing (Königlich-Preußen) sowie das Bistum Ermland an Polen, der Rest verbleibt dem Orden.

**1525** Der letzte preußische Hochmeister tritt zum lutherischen Glauben über, unterwirft sich dem Polenkönig und erhält von ihm den verbliebenen Restordensstaat »Herzogtum Preußen« als Lehen.

**1569** Polen hebt die autonome Stellung Preußens innerhalb des Königreichs auf; de facto unabhängig bleibt nur Danzig, das auch von der bis ins 18. Jh. ständig zunehmenden Polonisierung des Gebietes kaum betroffen ist.

**1637** Die pommersche Herzogsfamilie der Greifen stirbt aus. Die Erbfolge in Hinterpommern (mit Stolp) geht an die Brandenburger über; Mittelpommern mit Stettin bleibt nach der Eroberung im Dreißigjährigen Krieg bis 1720 schwedisch.

**1701** Nachdem sich 1656 das Herzogtum Preußen von der polnischen Oberhoheit befreit hat, wird Kurfürst Friedrich III. von Brandenburg in Königsberg als Friedrich I. zum »König in Preußen« gekrönt.

**1772, 1793** In der Ersten Polnischen Teilung annektiert Preußen das Ermland und einen Großen Teil Königlich-Preußens, in der Zweiten Teilung u. a. Danzig und Thorn.

**1918–1920** Nach dem Ersten Weltkrieg erlangt Polen seine Unabhängigkeit zurück und erhält im Versailler Vertrag 1919 den größten Teil der Provinz Posen und Westpreußens sowie als Zugang zur Ostsee den »Polnischen Korridor«. Danzig wird Freistadt innerhalb des polnischen Zollbereichs. Die Abstimmungsgebiete Marienwerder und Allenstein entscheiden sich 1920 für den Verbleib des südlichen Ostpreußens beim Deutschen Reich.

**1939–1945** Der Zweite Weltkrieg beginnt mit dem deutschen Angriff auf die Westerplatte bei Danzig. Deutsche Truppen besetzen Polen. Nahezu die gesamte polnische Intelligenz wird vertrieben und in Konzentrationslager deportiert. 1945 bestimmen die Siegermächte bei der Potsdamer Konferenz die »Westverschiebung« Polens bis an die Oder-Neiße-Linie. Dafür muss Polen seine Ostgebiete an die Sowjetunion abtreten. Fast die gesamte deutsche Bevölkerung Pommerns, West- und Ostpreußens flüchtet oder wird vertrieben.

**1980–1981** Die Gewerkschaft Solidarność beginnt in Danzig

Szene im Roten Saal des Danziger Museums für Stadtgeschichte

durch Streiks und Demonstrationen die Macht der kommunistischen Partei zu untergraben. Die Ausrufung des Kriegsrechts am 13.12.1981 setzt dieser Entwicklung ein Ende.

**1989** Gespräche zwischen kommunistischer Partei, Kirche und Opposition ermöglichen Wahlen, die den Kommunisten eine vernichtende Niederlage einbringen.

**1990** Unterzeichnung der Verträge über die Anerkennung der Westgrenze Polens und die friedliche Zusammenarbeit zwischen Polen und Deutschland. Lech Wałęsa, Führer der Solidarność, wird zum ersten Präsidenten des demokratischen Polen gewählt.

**1995** Wałęsa unterliegt bei den Präsidentenwahlen dem Postkommunisten Aleksander Kwaśniewski.

**1999** Beitritt Polens zur NATO.

**2004** Polen wird EU-Mitglied.
**2007** Der Neoliberale Donald Tusk löst den katholisch-konservativen Premier J. Kaczyński ab.
**2010** Präsident Lech Kaczyński und andere hochrangige Landesvertreter verunglücken auf dem Weg zu einer Gedenkfeier in Katyn (Weißrussland) tödlich.
**2011** Die EU-Ratspräsidentschaft geht in der zweiten Jahreshälfte an Polen.

**2012** Anlässlich der Fußball-Europameisterschaft, die Polen gemeisam mit der Ukraine ausrichtet, wird die Infrastruktur des Landes ausgebaut.
**2014** Donald Tusk, der aus Danzig stammende polnische Ministerpräsident, wird am 30. August zum EU-Ratspräsidenten berufen.
**2018** Polen feiert das 100. Jubiläum der Gründung der Zweiten Polnischen Republik.

# Kunst & Kultur

## Architektur

Der Norden Polens besitzt zahlreiche grandiose Bauten, allen voran die des Deutschordensstaates aus dem 13. bis 15. Jh. Die Ordensritter bauten Burgen (herausragend die Marienburg), die Bischöfe und Domherren Kathedralen und Residenzen (Lidzbark Warmiński), die reichen Patrizier Kirchen und prächtige Profanbauten (Danzig, Thorn).

Die mittelalterliche Architektur Pommerns bleibt insgesamt hinter den Werken des Deutschordensstaates zurück. Bemerkenswert sind allerdings die romanischen Kirchen von Kamień Pomorski und Kołbacz sowie das Werk des wichtigsten Architekten der Spätgotik dieses Teiles von Europa:

**SEITENBLICK**

### Die polnische Restauratorenschule

1945, als Ostmitteleuropa ein einziges Trümmerfeld war, schlug die Geburtsstunde der heute weltberühmten polnischen Restauratorenschule. Man begann mit der Warschauer Altstadt, deren originalgetreuer Wiederaufbau für die Identität eines um Millionen Menschen dezimierten und nach Westen verschobenen polnischen Staates bedeutsam war. Dann machte man sich an Danzig, womit der Anspruch auf die Stadt unterstrichen wurde. Heute zählt das Ergebnis: Der historische Kern ist in voller Schönheit wiedererstanden. Hinter den Spätrenaissance- oder Barockfassaden verbergen sich moderne Wohnungen. Kritiker dieses historisierenden Vorgehens verglichen die restaurierten Städte mit Disneyland. Ein Blick auf das nur halbherzig rekonstruierte Stettin zeigt jedoch die Richtigkeit der Entscheidung. Universitätsfakultäten für Denkmalpflege wurden gegründet, deren Know-how in alle Welt exportiert wird.

Die Deutschordensburg in Lidzbark Warmiński (Heilsberg)

Hinrich Brunsberg (1350–1428). Die Marienkirche von Stargard mit ihren Formsteinverzierungen ist typisch für sein Schaffen.

Zeugnisse späterer Epochen bietet die Innenstadt von Danzig – in ihrer Gesamtheit eine architektonische Höchstleistung. Mit Anthonis van Opbergen, Willem und Abraham van den Blocke, Vredeman de Vries u. a. beauftragte die Handelsstadt die besten Vertreter der niederländischen Kunst des 16. und 17. Jhs.

## Literatur

Erst spät entwickelte sich im heutigen Nordpolen eine eigenständige Literatur. Zwar sind bereits Chroniken des Deutschen Ordens aus dem 14. Jh. überliefert und man kennt erste kaschubische Schriftzeugnisse aus dem 16. Jh., doch sind dies Besonderheiten für Literaturwissenschaftler. Auch Ignacy Krasicki (1735–1801), der große polnische Aufklärer, der auf der Burg in Lidz-

**SEITENBLICK**

### »Die Blechtrommel« in Danzig

Wer auf den Spuren von Günter Grass bzw. des Helden der »Blechtrommel« wandeln will, fährt nach Danzig. Am unscheinbaren Geburtshaus des Literaturnobelpreisträgers im Vorort Langfuhr (Wrzeszcz, ul. Lelewela 13) prangt ein Zitat aus seinem Roman, ein paar Gehminuten weiter, am pl. Wybickiego, wurde dem kleinen Oskar ein Denkmal errichtet: In Lebensgröße sitzt er auf der Bank und trommelt bis in alle Ewigkeit …

bark Warmiński lebte, wird eher der Hauptströmung der polnischen Literatur zugeordnet.

Zwar hat es Schriftsteller und Dichter gegeben, die sich speziell mit Ostpreußen befassten, so der in Masuren geborene Ernst Wiechert (1887–1950; »Die Jerominkinder«, »Wälder und Menschen«). Doch erst der Zweite Weltkrieg und seine Folgen ließen eine Literatur entstehen, die das Schicksal des Landes und das Erlebte thematisiert und weithin bekannt machte. Zu erwähnen sind die Erinnerungen an das Adelsleben in ostpreußischen Schlössern, die Beschreibung traumatischer Erfahrungen sowie die Gedanken zur Gegenwart in den Büchern von Marion Gräfin Dönhoff (1909 bis 2002; »Kindheit in Ostpreußen«, »Namen die keiner mehr nennt«), Christian Graf von Krockow (»Reise nach Pommern«) und Hans Graf von Lehndorff (»Ostpreußische Tagebücher«).

Einen ganz anderen Ton schlagen die z. T. anrührenden Beschreibungen des idyllischen Masuren von Siegfried Lenz (1926–2014) an, der in Ełk (Lyck) geboren wurde, »einer Kleinstadt zwischen zwei Seen, von der die Lycker behaupten, sie sei die Perle Masurens«. In »So zärtlich war Suleyken« zeichnet Lenz das Bild eines Fantasiedorfes, wie man es noch in vielen Ecken Masurens finden kann. Die Liebeserklärung von Lenz an seine Heimat ist Pflichtlektüre für Masuren-Reisende. Ebenfalls zu empfehlen sind die Bücher von Arno Surminski (geb. 1934; »Aus dem Nest gefallen«, »Jokehnen« und »Polninken«).

Vor allem zwei Romane stehen für den Versuch, sich mit der Vergangenheit auseinanderzusetzen: das »Heimatmuseum« von Siegfried Lenz und die »Danziger Trilogie« von Nobelpreisträger Günter Grass (1927–2015). Der bekannteste Teil der »Danziger Trilogie«, die »Blechtrommel«, hat Weltruhm erlangt und wurde 1979 von Volker Schlöndorff erfolgreich verfilmt.

Auch die polnische Literatur hat sich der deutsch-polnischen Geschichte – vor allem Danzigs – angenommen. In deutscher Übersetzung liegen von Paweł Huelle »Weiser Davidek« (1987) und »Castorp« (2004) vor; auch »Der Tod in Danzig« (1997) von Stefan Chwin knüpft an die Thematik an.

Auch auf Kraniche kann man beim Besuch

# Natur & Umwelt

*Das gängige Bild von Polens Norden als Naturidyll trifft weitgehend zu: Da gibt es Wälder, in denen noch Wisente vorkommen, von uralten Bäumen gesäumte Alleen, verschlafene Dörfer mit Hunderten von Störchen.*

Mehrere Nationalparks – Woliński, Słowiński, Drawieński, Tucholski, Wigierski und Biebrzański – schützen die schönsten Gebiete. Außerdem gibt es zahlreiche Naturreservate und Landschaftsparks. 27 % der Gesamtfläche Polens sind bewaldet; die größten Waldgebiete liegen im Norden, darunter die Puszcze, die Urwälder bei Augustów, Pisz (Johannisburger Heide) und Tuchola (Tucheler Heide). Seltene Tiere wie Seeadler, Wisent, Tarpanpferd, Elch und Sumpfschildkröte sind hier zu Hause.

Die EU-Beihilfen für den Umweltschutz haben die Wasserqualität in Masurens Seen verbessert, auch wenn noch nicht jeder kleinere Ort an ein Klärwerk angeschlossen ist und die Besucherzahlen sprunghaft angestiegen sind. Überall in Masuren kann man heute bedenkenlos baden, denn die Wasserqualität wird ständig überprüft. Es gibt sie also durchaus noch, die sprichwörtlich kristallklaren Seen Masurens.

der Naturreservate beobachten

# Feste & Veranstaltungen

## Festkalender

**1. Januar:** gesetzlicher Feiertag
**April:** Stettin: Das **Theaterfestival Kontrapunkt** präsentiert Bühnenexperimente.
**Ostermontag:** festliche Prozessionen
**1. Mai: Tag der Arbeit**
**3. Mai: Tag der Verfassung**

### Bunte Märkte

- Beliebt sind in Polen Shoppingcenter wie die **Galeria Galaxy** in Stettin, wo man nach Herzenslust und bei jedem Wetter nach internationalen Marken, Mode, Schuhen, Kosmetik, Schmuck usw. stöbern kann. › S. 57
- Auf dem **Grenzmarkt** in Świnoujście wird allerlei Kitsch verkauft, wie Gartenzwerge, aber auch nützlicher Krimskrams, wie Sonnenbrillen und Taschen. › S. 60
- In und vor der **Danziger Markthalle** kann man sich mit Proviant eindecken: Fisch, Fleisch, Wurst, Brot und Käse sowie Gemüse und Obst. › S. 89
- Auf dem **Dominikanermarkt in Danzig** gibt es interessante Antiquitätenstände – aber Schnäppchen lassen sich hier kaum machen. › S. 96
- Der **Jarmark Kaszubski** in Kartuzy bietet neben Festivitäten und Fressständen auch einen Kunsthandwerksmarkt. › S. 100

**Mai:** Thorn: Das internationale **Theaterfestival** »Kontakt« und das nationale **Nachwuchsfestival** »Pierwszy Kontakt« finden abwechselnd in geraden bzw. ungeraden Jahren statt; Gdynia: Das **Filmfest** zeigt die besten polnischen Produktionen.
**Mai/Juni:** farbenprächtige Prozessionen zu **Fronleichnam**
**Juni–August:** Beim **Kammermusik- und Orgelfestival** in Kamien Pomorski, beim Internationalen Orgelmusikfestival in Oliwa und beim **Orgelmusikfestival** in Frombork spielen Meisterorganisten die Kircheninstrumente.
**29. Juni:** Bei der **Bootsprozession der Fischer** an St.-Peter-und-Paul fahren kaschubische Fischer in buntbewimpelten Kuttern über die Danziger Bucht – von Jastarnia nach Puck.
**Juli:** Mrągowo: Zum **Festival der Countrymusik** mitten in Masuren kommen viele Besucher als »Cowboys«; **Bote Pod Zoglame** (Boote unter Segeln): Bei der Regatta in Chałupy darf alles aufs Meer, was sich über Wasser hält; **Internationales Ritterturnier** in Golub-Dobrzyń und mittelalterlicher Markt; beim **Jarmark Kaszubski** Ende Juli in Kartuzy feiern die Kaschuben ihre Kultur mit Volksmusik und -tanz, Kunsthandwerksmarkt und Kulinaria; Danzig: Die Ostseeregatta **Baltic Sail** führt Windjammer und Dickschiffe aus aller Welt in den historischen Hafen.
**15. Juli:** Grunwald: Die Schlacht von 1410 und der Sieg des polnisch-litauischen Heers über den Deutschen Orden werden nachgespielt.

Ritter in voller Rüstung beim Turnier in Golub-Dobrzyń

**Ende Juli/Anf. August:** Danziger Dominikanermarkt: Er findet seit 1260 (!) statt und ist eines der traditionsreichsten Feste Europas.

**Anfang August:** Kostrzyn: Bei **Haltestelle Woodstock,** das zu den größten Rockfestivals Europas gehört, spielen polnische und internationale Bands; **Wikingerfestival mit mittelalterlichem Markt** in Wolin.

**Erste Augusthälfte:** Parallel zum Danziger Dominikanermarkt finden die **Internationalen Shakespeare-Tage** statt. Jazzgrößen treffen sich in Iława zur **Złota Tarka.**

**15. August:** **Mariä Himmelfahrt:** Im masurischen Św. Lipka wird der Feiertag mit viel Pomp begangen – Tausende Wallfahrer reisen an.

**Ende August:** Zum **Interfolk-Festival** in Kołobrzeg kommen Folkloreensembles aus der ganzen Welt.

**September:** Słupsk: **Klavierfestival** im Schloss

**September/Okober:** **Open-Air-Hip-Hop-Festival** in Wejherowo

**1. November:** **Allerheiligen**

**11. November:** **Jahrestag der Unabhängigkeit**

**25./26. Dezember:** **Weihnachten**

# Essen & Trinken

Die meisten Polen lieben üppige Mahlzeiten mit viel Fleisch und Fett, sodass der Wodka danach als reine Medizin erscheint. Aber inzwischen gibt es eine Menge junger Köche mit internationaler Erfahrung, die traditionelle polnische Rezepte modern und leicht interpretieren.

Ob der Wodka polnischen oder russischen Ursprungs ist, darüber scheiden sich bis heute die Geister. Urpolnisch scheint jedenfalls der *bigos* zu sein, ein Sauerkrauteintopf, der in den einfachsten Gaststätten wie in den exklusivs-

In Polen liebt man's deftig

ten Restaurants serviert wird. Der echte Bigos muss aus edlen Zutaten bestehen, aus Wild, Steinpilzen und trockenem Rotwein. Das Gericht muss mindestens einen Tag vor dem Verzehr zubereitet werden; manche sagen gar, dass es mit jedem Aufwärmen besser schmeckt.

Viele sehen die Stärke der polnischen Küche in den Suppen, die es in unglaublicher Vielfalt gibt. Voran steht die berühmte Rote-Bete-Suppe, Borschtsch *(barszcz)*. Es gibt sie als klare Suppe *(barszcz czysty)*, mit Fleischtaschen, sogenannten Öhrchen *(barszcz z uszkami)*, süß mit Sahne *(barszcz zabielany)* und als *Botwinka,* bei der die Rote-Bete-Blätter in der Suppe belassen werden. *Chłodnik,* eine kalte Borschtsch-Variante aus Roter Bete, Dickmilch, Sahne, Gurken, Schinken und einem hartgekochten Ei, ist das ideale Gericht für heiße Sommertage. Im ganzen Land ebenso beliebt ist der *żurek,* eine saure Roggenmehlsuppe, die man mit Kartoffeln, Wurst und Ei zubereitet. *Czernina,* Gänseschwarzsauer, und *flaki,* Kuttelsuppe, sind dagegen nicht jedermanns Sache. *Czernina* findet man heute selten, allgegenwärtig sind dagegen die *flaki.* Die Kutteln werden – wie bei der legendären ostpreußischen »Königsberger Fleck« – in einer pikanten Brühe gekocht.

## Fisch- und Wildgerichte

Im Norden Polens hat man die Ostseeküste, Seen und Flüsse, aber auch Wald direkt vor der Haustür, sodass Fisch- und Wildgerichte an erster Stelle stehen. Pilze und Beeren vervollständigen das Angebot der Natur.

Entlang der Ostseeküste, aber auch rund um die Masurischen Seen gibt es zahlreiche Fischer, die ihren Fang frisch oder geräuchert an die ortsansässigen Restaurants und Fischbuden verkaufen. An der Ostsee werden vor allem Dorsch *(darz),* Flunder *(flądra),* Hering *(śledź)* und Heilbutt *(halibut)* angeboten, oft einfach gebraten oder frittiert mit Kartoffeln bzw. Pommes. Besonders das feste Fleisch des Heilbutts ist auch geräuchert eine Delikatesse, genauso wie Räucherlachs *(łosoś wędzony)* und Lachswürstchen *(łosoś kiełbasa).* Aus den fischreichen Seen der Kaschubischen Schweiz und Masurens kommen Zander, Forellen, Hecht und Aal auf den Tisch.

Beliebt sind Fleischgerichte, besonders geschätzt wird Wild. Im Herbst und Winter stehen Fasan, Hase, Reh und Wildschwein auf der Speisekarte. Als Beilage wird manchmal Buchweizengrütze *(kasza gryczana)* gereicht.

Zu empfehlen sind auch *pierogi* (Teigtaschen), traditionell gefüllt mit Fleisch *(z mięsem),* mit Kraut und Pilzen *(z grzybami i kapustą)* oder Quark *(pierogi ruskie).* Vegetarier können den gebratenen Speck obendrauf weglassen und sich mit gerösteten Zwiebeln begnügen oder gleich mit Spinat oder Roter Bete gefüllte Pierogi essen.

Eine riesige Kuchenauswahl oder *kompot,* in viel Wasser und Gewürzen gekochtes Obst, das eher als Getränk denn als Früchtecocktail bezeichnet werden muss, beschließen das üppige Mahl.

## Tee gehört zur Gastfreundschaft

*Herbata* alias Tee wird traditionsgemäß in Gläsern serviert. Aus einer kleinen Teekanne mit vorbereiteter *esencja* wird etwas Tee-Essenz eingeschenkt und mit heißem Wasser aufgegossen. Man trinkt den Tee mit viel Zucker und ohne Milch. Ein Glas Tee gehört zur polnischen Gastfreundschaft. Kaum hat der Gast ein Haus betreten, wird Tee angeboten. Vermutlich werden Sie nie wieder so viel Tee trinken wie in Polen!

*Kawa,* also Kaffee, wurde traditionell *po turecku,* auf türkisch, serviert, d. h. der Kaffeesatz bleibt im Glas. Inzwischen haben aber deutscher Filterkaffee und italienischer Espresso Einzug in Polens Norden gehalten.

Unter den alkoholischen Getränken dominiert Bier *(piwo).* Das polnische Bier schmeckt in der Regel etwas milder als das deutsche. In Danzig sollte man Heweliusz, in Koszalin Brok probieren.

## Ohne Wodka geht es nicht

Von keiner Tafel wegzudenken ist der Wodka, der zwischen den Gängen und auch am Ende der Mahlzeiten getrunken wird. Ob Roggen- *(żytnia)* oder Kartoffelwodka, mit Bisongrashalm *(żubrówka,* in Deutschland als *Grasovka* vertrieben) oder koscher *(Koszerna),* ganz gleich: Man hat die Qual der Wahl.

Polnische Restaurants sind meist täglich durchgehend von 12 bis 22 Uhr geöffnet; viele schließen erst, wenn der letzte Gast gegangen ist.

### Die besten Fischrestaurants

............................................

- So viel Fisch wie im Stettiner **Nowy Chief** gibt's sonst nirgendwo in Polen. › S. 57

- Exzellenter Fisch wird im **Pergola** an Kołobrzegs Promenade serviert, mit Meerblick. › S. 70

- Frische Ware, günstig obendrein, gibt es bei **Captain Morgan** in Hel. › S. 77

- Für ein feines Dinner geht man ins Danziger Traditionshaus **Zum Lachs** (»Pod Łososiem«). › S. 93

- Maritime Gemütlichkeit genießt man im **Targ Rybny** am Danziger Fischmarkt. › S. 94

- An Sopots Strand geht es zu wie am Bahnhof: Im **Przystań** wird das bestellte Fischgericht über Lautsprecher ausgerufen. › S. 98

Die ehemalige Hansestadt Danzig ist
ein architektonisches Juwel

# TOP-TOUREN
# & SEHENS-
# WERTES

# STETTINER BUCHT

## Kleine Inspiration

- **Erste Stettin-Eindrücke sammeln** beim Bummel vom Schloss zur Hakenterrasse › S. 53
- **Den weiten Blick über die Ostsee genießen** vom höchsten polnischen Leuchtturm in Świnoujście aus › S. 59
- **Das bunte Angebot nach einer Strandtasche durchstöbern** auf dem Grenzmarkt von Świnoujście › S. 60
- **Windkrumme Kiefern bestaunen** bei Wanderungen an der Steilküste › S. 61

**Pommerns wichtigste Stadt lohnt vor allem der restaurierten Altstadt und des weiten Hafengebiets wegen. Es ist der Auftakt für das Oderdelta, dessen drei Arme auf dem Weg zur Ostsee die Inseln Usedom und Wolin bilden.**

**Stettin,** die wichtigste Stadt Pommerns, ist eine jugendlich-lebendige Stadt. Ein Bummel durch die kleine, z. T. rekonstruierte Altstadt mit dem Alten Rathaus und dem Schloss macht ebenso Spaß wie ein Besuch der zur Oder hinabführenden, pompösen Hakenterrasse. Von hier bietet sich ein Blick über das riesige Hafengebiet, auf dem sich einst Europas größte Werft befand. Mit einem Ausflugsschiff kann man sich durch die weitläufigen Hafenanlagen schippern lassen oder einen Trip aufs große Haff unternehmen. Großstädtisch präsentiert sich Stettin jenseits der Altstadt mit Prachtbauten aus der Gründerzeit, sternförmig angelegten Alleen und weitläufigen Parks. Nach dem städtischen Sightseeing folgt das Badevergnügen: Die breitesten Strände der Ostsee findet man in **Świnoujście** und **Międzyzdroje.** Die Insel Wolin, eine von drei Inseln, die das Mündungsdelta der Oder bilden, wartet im **Woliński-Nationalpark** mit einer überwältigenden Landschaft auf. Das zum tosenden Meer hin steil abfallende hügelige Land ist seit Urzeiten von einem herrlichen Mischwald überzogen. Wanderungen und Radtouren auf markierten Wegen bieten eine schöne Abwechslung zum Badespaß. Genau wie ein Orgelkonzert im eindrucksvollen Dom von **Kamień Pomorski,** nicht nur bei Regenwetter ein Erlebnis.

# Touren in der Region

## Radtour auf zwei Inseln

**Route: Międzyzdroje › Łunowo › Przytór › Fähre Karsibór › Świnoujście › Fähre Centrum › Warszów › Międzyzdroje**

**Karte:** Seite 50

**Länge:** 42 km
**Praktische Hinweise:**
- Räder verleiht z. B. das Hotel Amber Baltic › S. 60.
- Zwischen den Inseln Wolin und Usedom pendeln regelmäßig Fähren.
- Der Radweg ist erst blau, dann grün (R-10) markiert.

Weite, Stille und die Brandung der Wellen: Die Stettiner Bucht verspricht Naturgenuss

## Tour-Start:

Prächtiger Laubwald, zwei Fährpassagen über die Świna, Seebäder und viel Strand – dies ist die ideale Einstiegstour für alle Pedaltreter! Vom Zentrum in **Międzyzdroje** 4 › S. 60 fährt man südwärts auf der ul. Nowomyśliwska, passiert die Zugunterführung und erreicht in Lubiewo die Straße E 65 Wolin – Świnoujście. Ein kurzes Stück folgt man ihr westwärts und biegt nahe dem ersten Gebäude links in den blau markierten Radweg ein. Breit und bequem folgt er sodann einer in den Wald geschlagenen Hochspannungstrasse 5 km bis Łunowo. Hier biegt man erst links in den Schotterweg ul. Gajowa, dann rechts in die ul. Zalewowa ein. Die blauen Radwegmarkierungszeichen führen zum Dorf Przytór auf eine viel befahrene Straße, der man nach links 3 km zur Anlegestelle Karsibór folgt. Hier setzt man mit der Fähre über die Świna nach Usedom.

Am gegenüberliegenden Ufer geht es nordwestwärts weiter – der weiterhin blau markierte Radweg verläuft parallel zur belebten Straße durch dichten Wald. Nach 4 km ist **Świnoujście** 3 › S. 58 erreicht – am attraktivsten präsentiert sich das Seebad im Strand- und Parkbereich.

Vom Zentrum der Stadt setzt man mit der Fähre wieder auf die Insel Wolin über und folgt der schattigen Barlickiego-Straße. Ab hier ist der Radweg als R-10 mit grünen Markierungszeichen versehen. Hinter dem Vorort Warszów quert man einen Bahnübergang

## Touren in der Stettiner Bucht

### Tour ❶

**Radtour auf zwei Inseln**

Międzyzdroje › Łunowo › Przytór › Fähre Karsibór › Świnoujście › Fähre Centrum › Warszów › Międzyzdroje

### Tour ❷

**Wanderung im Woliński-Nationalpark**

Międzyzdroje › Wisentreservat › Warnowo › Wisełka › Międzyzdroje

### Tour ❸

**Auf schmaler Spur längs der Küste**

Trzesacz › Rewal › Niechorze › Pogorzelica

nach links und folgt der ul. Ku Mor- zu nordwärts Richtung Küste. Bevor sie erreicht ist, kommt man zu einer Gabelung und biegt rechts ab – als Landmarke dient ein gut sichtbarer Turm in 2 km Entfernung. Durch Wald führt der Radweg R-10 parallel zur Küste zurück nach Międzyzdroje.

 # Wanderung im Woliński-Nationalpark

**Route: Międzyzdroje › Wisent-Reservat › Warnowo › Wisełka › Międzyzdroje**

**Karte:** Seite 50
**Länge:** 23 km (Tagestour)
**Praktische Hinweise:**
- Der Weg ist anfangs grün, ab Wisełka rot markiert; Einkehr ist in Wisełka möglich, doch mehr Spaß macht ein Picknick am Strand.
- Badesachen und Sonnenschutz- mittel nicht vergessen!
- Hilfreich ist der Kauf der Karte »Woliński Park Narodowy« (Park- verwaltung im Naturkundemuseum Międzyzdroje › S. 60).

## Tour-Start:

Vom Zentrum in **Międzyzdroje** **4** › **S. 60** führt der grün markierte Weg (R-10) ostwärts zum Wisentreservat (Zagroda Pokazowa Żubrów). Wei- ter in östlicher Richtung geht es auf dem Waldweg bis zum Dorf Warno- wo und zum gleichnamigen See. Unmittelbar anschließend läuft man am Ufer des Czajczesees ent-

lang und kommt ins Dorf Wisełka. Hier quert man die Straße 102 und folgt der ul. Leśna durch das Ein- gangsportal des Nationalparks › S. 61 (wer will, kann hier auf dem schwarz markierten Weg einen Ab- stecher zum Leuchtturm Kiekut un- ternehmen: zusätzlich 4 km). Die Haupttour führt nordwestwärts zum Strand, wo die spektakulärste Etappe beginnt: 8 km wandert man am Fuß der Steilklippen durch wei- ßen Sand – zur Rechten das Meer, in dem man sich immer wieder erfri- schen kann. Vorbei an bunten, am Strand aufgebockten Fischerbooten geht es schließlich ins Zentrum von Międzyzdroje zurück.

 # Auf schmaler Spur längs der Küste

**Route: Trzęsacz › Rewal › Niechorze › Pogorzelica**

**Karte:** Seite 50
**Länge:** Trzęsacz › Pogorzelica ca. 10 km, Fahrtdauer 30 Min.
**Praktischer Hinweis:**
- Man kann an jeder Station aus- steigen und mit der nächsten Bahn weiterfahren.

## Tour-Start:

»Ciuchcia Retro« heißt die dampf- betriebene altertümliche Bahn, die an jedem Maiwochende sowie von Juni bis Mitte September täglich in Gryfice startet und nach Pogorzeli- ca fährt. Da sie sehr gemütlich durch die pommersche Landschaft tuckert, benötigt sie für die 55 km lange Strecke fast zwei Stunden! Anschließend pendelt die Bahn den ganzen Tag zwischen Pogorzelica und Trzęsacz, bevor sie abends ins Eisenbahnmuseum von Gryfice zurückkehrt. Das ermöglicht einen schönen Halbtagesausflug: Nach Besichtigung der Kirche von **Trzęsacz** **7** › S. 63, die einst 2 km landeinwärts stand, nun aber haarscharf am Abgrund thront, steigt man in den Retro-Express und lässt sich nach Rewal bringen, einem beliebten Kurort. Hier lohnt ein Spa-ziergang am brandungsumtosten Strand. Nächste Station ist Niechorze mit einem Leuchtturm, der weiten Ausblick über die raue, nordisch anmutende Landschaft verschafft. Bei klarer Sicht erkennt man am Horizont die dänische Insel Bornholm! In Pogorzelica empfiehlt sich ein Picknick in den Stranddünen, bevor man sich wieder auf den Rückweg macht.

### Verkehrsmittel

Von Stettin kommt man per Zug oder Bus zur Küste. Dort verbinden Busse mehrmals täglich alle größeren Orte.

# Unterwegs in der Stettiner Bucht

## Szczecin (Stettin) **1** [A3]

Die einst flächenmäßig drittgrößte deutsche Stadt zählt heute 405 000 Einwohner und liegt am Westufer der Oder, 20 km vor deren Mündung ins Stettiner Haff (Zalew Szczeciński). Stettin ist industrielles und kulturelles Zentrum von Westpommern (Pomorze Zachodnie), das etwa der historischen Region Hinterpommern entspricht.

1945 wurde die Parole ausgegeben: »Stettin ist zum polnischen Mutterland zurückgekehrt«. Diese Geschichtsklitterung sollte den Polen helfen zu vergessen, dass sie die Großstadt lediglich der Gnade Stalins verdankten. Waren die Polen im 12. Jh. Herren über das slawische Stettin, übernahm es im 13. Jh. die Dynastie der Greifen. Später wurde die Stadt von Deutschen besiedelt, die erst infolge des Zweiten Weltkriegs vertrieben wurden; in ihre Häuser zogen die gleichfalls vertriebenen Polen ein. Für die heute hier lebenden Menschen ist Stettin längst zur selbstverständlichen Heimat geworden.

Die Stadt besitzt den neben Danzig und Gdynia (Gdingen) wichtigsten Hafen Polens und eine bedeutende Werft. Mit einer Universität, zahlreichen Hochschulen, Theatern und Konzertsälen ist Stettin auch kulturell eine der führenden Städte Polens. Weltruhm erlangte die 1729 nahe der Jakobikirche geborene Sophie Friederike von Anhalt-Zerbst als Katharina die Große, Zarin von Russland.

Sämtliche sehenswerten Baudenkmäler konzentrieren sich im einstigen Stadtzentrum nahe der Oder, sodass man sie im Rahmen eines zwei- bis dreistündigen Spaziergangs ganz bequem besichtigen kann. Die um das Jahr 2000 entstandene historisierende Bebauung der Altstadt lehnt sich in Höhe und Breite an die früheren Häuser und Straßen an. Eine Bereicherung stellen hingegen die spektakulären Neubauten von Philharmonie und Dialogzentrum dar.

## Hakenterrasse Ⓐ

Am besten beginnen Sie Ihren Spaziergang auf der Vorzeigestraße Stettins, der auf Polnisch als Wały Chrobrego bezeichneten Hakenterrasse, benannt nach dem Stettiner Oberbürgermeister Hermann Haken (1828–1916). Er ließ sie zwischen 1900 und 1914 anlegen.

Die Terrasse führt von der Uferpromenade hinauf zu drei repräsentativen Gebäuden: Das ehemalige **Regierungsgebäude** rechter Hand (heute Woiwodschaftssitz) mit patinierten Kupferdächern ist dem Stil der niederländischen Renaissance nachempfunden. Auf der Fassade des **Nationalmuseums** in der Mitte (ul. Waly Chrobrego 3, http://muzeum.szczecin.pl, Di–Do, Sa 10–18, Fr, So 10–16 Uhr, Eintritt 10/5 zł) sind die großen Architekturleistungen der Menschheit dargestellt, darunter der Kölner Dom. In der ehemaligen **Landesversicherungsanstalt** links hat die Marinehochschule Aufnahme gefunden.

## Am Hafen

Nicht weit entfernt ist der Kai für die **Ausflugsschiffe** Ⓑ (Dworzec Morski, ul. Jana z Kolna), die in das riesige **Hafengelände** mit unzähligen

Blick auf die Hakenterrasse in Stettin

Das Herzogsschloss in Stettin

bereits von außen auf die Multimediadokumentation im Innern. Hier wird die Zeit des Umbruchs in Polen zwischen 1970 und 1989, von den ersten Streiks bis zum Ende des Kommunismus und des Warschauer Pakts sehr anschaulich dargestellt (Centrum Dialogu Przełomy, pl. Solidarności 1, http://przelomy.muzeum.szczecin.pl, Di–Do, Sa 10–18, Fr, So 10–16 Uhr, Eintritt 10/5 zł).

## Philharmonie **E**

Die Philharmonie beeindruckt hingegen mit Leichtigkeit. Denn die schmalen, spitzgiebligen Baukörper scheinen aus feinem Papier gefaltet zu sein. Bei Dunkelheit erstrahlen sie von innen heraus illuminiert in bunten Farben. Das Foyer konzentriert sich auf Weiß, die beiden Konzertsäle, deren Akustik vollends überzeugt, auf Schwarz und Gold (Filharmonia im Mieczysława Karłowicza, ul. Małopolska 48, Tel. 091/4310720, www.filharmonia.szczecin.pl).

## Schloss der Herzöge von Pommern **F**

Vom hohen Oderufer grüßt das Herzogsschloss (Zamek Książąt Pomorskich) – eine Kombination aus Gotik, Renaissance und Barock. Als man das im Krieg zerstörte Gebäude ab 1958 wieder aufbaute, orientierte man sich am Stich des Baslers Matthäus Merian des Jüngeren (1621–1687). Im Innenhof ist eine Uhr aus dem 17. Jh. angebracht, in der ein Mohr im Sekundentakt mit den Augen rollt und ein Harlekin jede Viertelstunde die Glocken

Kanälen und zum Dammschen See (Jezioro Dąbie) fahren. 1894 begann man mit dem Bau des Hafens zwischen den beiden Oderarmen, einst neben Kopenhagen der größte Freihafen an der gesamten Ostsee.

## Peter-und-Paul-Kirche **C**

Ein kurzer Umweg führt zur spätgotischen Kirche Peter und Paul (Kościół śśw. Piotra i Pawła). Hier soll die erste Stettiner Kirche gestanden haben, in der der hl. Otto von Bamberg auf seiner Missionsreise 1124 predigte. Das wohlproportionierte Gotteshaus ist mit Glasursteinen verziert. Von den Außenwänden blicken Terrakottaköpfe herab.

## Dialogzentrum Umbrüche **D**

Aus dem Pflaster des Solidarność-Platzes bricht der Ausstellungspavillon des Nationalmuseums hervor. Damit verweist die Architektur

schlägt. Wegen des tollen Ausblicks lohnt sich der mühsame Aufstieg zum Glockenturm (ul. Korsarzy 34, www.zamek.szczecin.pl, Di–So 10 bis 18 Uhr, Eintritt 6/4 zł; Glockenturm Mai–Sept. 10–18 Uhr).

## Patrizierhaus Loitzenhof G

Das von dem Schweizer Abraham Dubendorf erbaute Patrizierhaus gehörte im 15./16. Jh. der Familie Loitze. Die sagenhaft reiche Familie gab dem letzten Jagiellonen auf dem polnischen Thron, König Sigismund II. August, einen Riesenkredit und ging daran Bankrott. Der vierstöckige Loitzenhof (Kamienica Loitzów) ist ein für Ostseestädte typisches Bürgerhaus aus der Übergangszeit von Gotik und Renaissance. Heute nutzt die Kunsthochschule Stettin das aufwendig restaurierte Bauwerk.

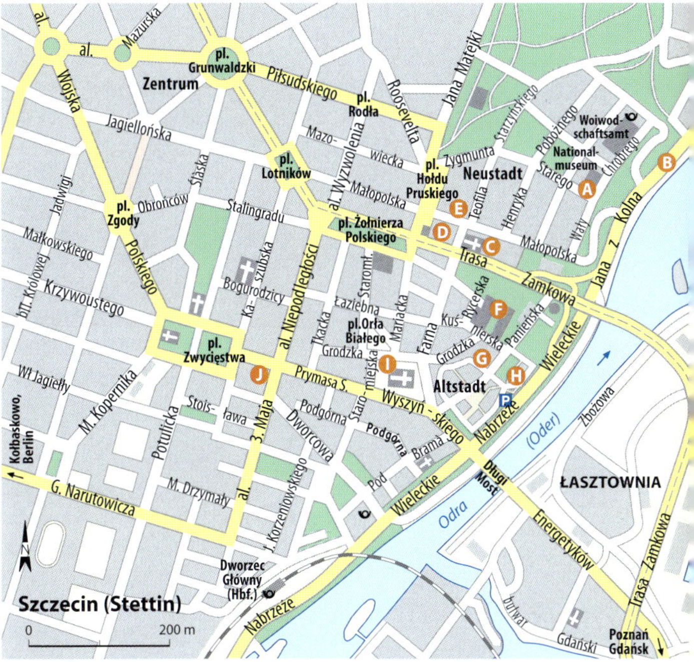

A Hakenterrasse
(Wały Chrobrego)

B Ausflugsschiffe
(Dworzec Morski)

C Peter-und-Paul-Kirche
(Kościół śśw. Piotra i Pawła)

D Dialogzentrum Umbrüche
(Centrum Dialogu Przełomy)

E Philharmonie
(Filharmonia)

F Schloss der Herzöge von Pommern (Zamek Książąt Pomorskich)

G Patrizierhaus Loitzenhof
(Kamienica Loitzów)

H Altes Rathaus
(Stary Ratusz)

I Jakobikirche
(Kościół św. Jakuba)

J Hafentor
(Brama Portowa)

## Altes Rathaus ⓗ

Wenige Schritte entfernt können Sie eine Schauwand mit Giebeln und Fialen bewundern, wie man sie von den Rathäusern in Lübeck oder Stralsund kennt. Diese Rekonstruktion aus der Nachkriegszeit gehört zum Alten Rathaus, heute Sitz des Landesmuseums (Stary Ratusz, ul. Mściwoja II 8, Di–Do, Sa 10–18, Fr, So 10–16 Uhr, www.muzeum.szczecin.pl, Eintritt 10/5 zł).

An Neu- und Heumarkt beim Rathaus zitieren einige Häuser von 2000/2001 Fassaden der 1944 zerstörten Altbauten.

## Jakobikirche ⓘ

Der bedeutendste Kirchenbau der Stadt, Kościół św. Jakuba, ist seit 1945 Bischofssitz. Im 14. Jh. begannen die Bauarbeiten, die 200 Jahre dauern sollten. Nur der Chor und Teile des Turmes überstanden den Zweiten Weltkrieg. Der Turm wurde mit spitzem Helm und Aussichtsterrasse wieder aufgebaut. Von oben bietet sich ein weiter Blick. Am Hochaltar und in der Sakramentskapelle sind Fragmente zweier gotischer Flügelaltäre erhalten (Turm So–Do 10–18, Fr/Sa bis 20 Uhr, Eintritt 10/6 zł).

## Plac Zwycięstwa

Nach einem kurzen Spaziergang in Richtung Westen ist der Plac Zwycięstwa erreicht, der ehemalige Hohenzollernplatz mit dem **Hafentor** ⓙ (Brama Portowa; 1771), dem früheren Berliner Tor. Es ist eines der beiden erhaltenen Prunktore Stettins und ein Werk des Holländer Architekten Cornelius von Wallrave. Die Inschrift erinnert an den Kauf der Stadt: 1720 erwarb der Preußenkönig Friedrich Wilhelm I. Stettin von den Schweden »mit gerechten Verträgen und für einen gerechten Preis«.

## Info

**Centrum Informacji Turystycznej**

- pl. Żołnierza Polskiego 20
  70-551 Szczecin | Tel. 091/4 34 04 40
  www.szczecin.eu
- im Schloss: ul. Korsarzy 34
  Tel. 091/4 89 16 30

## Hotels

**Atrium** €€

Restauriertes Gründerzeithaus im Zentrum. 30 modern eingerichtete DZ, Studios und Apartments, alle mit Internetanschluss. Kaminsaal, Sauna, Tiefgarage.

- al. Wojska Polskiego | 70-481 Szczecin
  Tel. 091/4 24 35 32
  www.hotel-atrium.pl

**Ibis Szczecin Centrum** €€

Unweit von Hauptbahnhof gelegenes, komfortables und dabei recht preiswertes Haus.

- ul. Dworcowa 16 | 70-215 Szczecin
  Tel. 091/4 80 18 00
  www.ibishotel.com

**Radisson Blu** €€

Das noch immer beste Hotel der Stadt bietet 369 komfortable Zimmer und Suiten. Mit Kasino, Nachtklubs, Pool und einem Spabereich auch für Nichthotelgäste (www.spabaltica.pl).

- pl. Rodła 10 | 70-419 Szczecin
  Tel. 091/3 59 55 95
  www.radissonblu.com/hotel-szczecin

Von der Jakobikirche schweift der Blick über die Dächer Stettins

**Ibis Budget Szczecin** €
Ein Haus mit einfachem Standard:
120 helle Zimmer mit Bad, 5 km vom
Zentrum entfernt.
• ul. Prof. Ludwika Janiszewskiego 2
71-004 Szczecin
Tel. 091/4 82 24 66
www.ibis.com

## Restaurants
**Browar Stara Komenda** €€
Hausgebrautes Bier – Pils, Lager, Weizen
und eine Spezialität des Monats wie
Keller-, Alt- oder Rauchbier – und gutes
Essen in gemütlichem Rahmen.
• pl. Batorego 3 | 70-207 Szczecin
Tel. 091/4234445
http://starakomenda.pl

**Karczma Polska Pod Kogutem** €€
Traditionelle polnische Küche, mit vielen
Fleisch- und Mehlspeisen, auch Bigos,
Kartoffelpuffer und hausgemachte Blut-
wurst. **50 Dinge** (11) › **S. 13.**
• pl. Lotników 3 | 70-414 Szczecin
Tel. 091/4 34 68 73
www.karczmapodkogutem.pl

**Na Końcu Korytarza** €€
Pommersche Küche im Schloss, unter
den Gästen sind viele Theaterleute.

• ul. Korsarzy 34 | 70-540 Szczecin
Mobiltel. 601/73 23 00
www.nakuncu.pl

**Nowy Chief** €€
Das Restaurant punktet mit einer
❗ riesigen Auswahl an Fischgerichten.
Von den aufgestellten Aquarien geht ein
geheimnisvolles Leuchten aus.
• ul. Rayskiego 16 | 70-442 Szczecin
Mobiltel. 608/44 00 00
www.chief.com.pl

**Tiger Club** €€
Pub von Dariusz »Tiger« Michalczewski
mit exquisiten kleinen Speisen und
Cocktails, Treffpunkt der Schickeria.
• ul. Felczaka 9 | 71-417 Szczecin
Tel. 091/4 24 58 79
www.tigerclub.pl

## Shopping
### Galeria Galaxy
Am liebsten gehen die Stettiner in schi-
cke Passagen, z. B. in die Galeria Galaxy.
❗ Hier findet man Läden mit internatio-
nalen Marken, viel Gastronomie und
Mega-Kinos. **50 Dinge** (39) › **S. 16.**
• al. Wyzwolenia 18 | 70-554 Szczecin
www.galaxy-centrum.pl
Mo–Sa 9–21, So 10–20 Uhr

# Ausflug nach Stargard 2 [B3]

Ein schöner Halbtagesausflug führt durch die fruchtbare Stettiner Tiefebene ins 40 km östlich gelegene Stargard. Neben reizvoller Landschaft erwartet Sie einer der bedeutendsten Kirchenbauten von ganz Pommern. Der Architekt der **Marienkirche** (Kościół Najświętszej Marii Panny) ist einer der wenigen namentlich bekannten Meister der Backsteingotik: Hinrich Brunsberg (1350–1428). Er hat auch die Katharinenkirche in Brandenburg und die Pfarrkirche in Chojna (Königsberg in der Neumark) gebaut.

Brunsberg verwandelte Ende des 14. Jhs. das als Hallenkirche konzipierte Gotteshaus in eine riesige Basilika, indem er das Mittelschiff erhöhte. Die imposante Größe sollte die Bedeutung der Stadt Stargard widerspiegeln, die Stettin im Spätmittelalter ebenbürtig war. Die Außenwände sind ein gutes Beispiel für den dekorativen Stil Brunsbergs: Profilierte glasierte Backsteine und fantasievolle Keramikmasken machen die Fassade zu einem wahren Kunstwerk. Im gewaltigen Innenraum – das Hauptschiff ist über 30 m hoch – fasziniert das prächtige Sterngewölbe.

Neben der Kirche fällt die überreich verzierte Rundgiebelfassade des **Rathauses** (16. Jh.) auf. Die ungewöhnliche Form des spätgotischen Blendmaßwerks mit sich durchkreuzenden Kreisformen und Vierpässen stammt aus Sachsen.

Stargards Befestigungsanlagen sind noch auf 1 km Länge erhalten. Eine Rarität ist das **Mühlentor** (Brama Młyńska): Von zwei Türmen flankiert, überspannt es den Fluss Mała Ina (Kleine Ihna). Mit einem Fallgitter konnte der Zugang zur Stadt für Schiffe verschlossen werden.

# Świnoujście (Swinemünde) 3 [A2]

Polens westlichste Stadt (41 000 Einw.) liegt auf den Inseln Wolin und Usedom an der Grenze zu Deutschland: Ausflugsschiffe (www.adler-schiffe.de, Mai–Sept.) und DB-Regio-Züge (www.bahn.de/mecklenburg-vorpommern) fahren nach Ahlbeck, Heringsdorf und Bansin; auch die Europapromenade für Fußgänger und Radfahrer verbindet längs der Ostseeküste Świnoujście und Bansin. Vom Fährhafen auf Wolin gelangt man nach Schweden. **50 Dinge** ⑦ › S. 12 und ㉝ › S. 15.

Swinemünde ist seit 1720 Vorhafen Stettins. Im 19. Jh. entwickelte sich die Hafenstadt zum eleganten Seebad – ein Anspruch, dem die Stadt heute wieder gerecht werden will. Der breite Strand und der teils im 19. Jh. durch Peter Joseph Lenné angelegte Kurpark bieten dafür gute Voraussetzungen. Das Flair vergangener Zeiten vermitteln vereinzelte Sommerhäuser aus dem 19. Jh.

Der wirtschaftlichen Vergangenheit des Ortes widmet sich das **Museum für Hochseefischerei** im alten Rathaus u. a. mit Schiffsmodellen und Navigationsinstrumenten (pl.

Vielfältigen Freizeitspaß bietet die Ostseeküste

Rybaka 1, Juli/Aug. Mo–Fr 9–20, Sa/So 9–17, Juni, Okt. tgl. 9–17, Nov.–Mai. Di–So 9–17 Uhr, Eintritt 7/5 zł).

Mit der kostenlosen Fähre setzt man auf die Insel Wolin über. Dort lohnt der Besuch des 1857 erbauten **Leuchtturms**. Mit 68 m ist er Polens höchster; von der Aussichtsplattform bietet er nach rund 300 Treppenstufen einen wahrlich ❗ spektakulären Blick an der Ostseeküste entlang (Latarnia Morska, Juli/Aug. tgl. 9–20, April–Juni, Sept./Okt. tgl. 10–18, Nov.–März tgl. 10–16 Uhr, Eintritt 7/5 zł).

### Info
#### Touristeninfo
- pl. Słowiański 6/1
  72-600 Świnoujście
  Tel. 091/3 22 49 99
  www.swinoujscie.pl

❗ **Erst- klassig**

### Die schönsten Aussichtspunkte

.....................................

- Der Leuchtturm von **Świnoujście** ist der höchste an der polnischen Ostseeküste. › **S. 59**
- Vom **Gosań** im Woliński-Nationalpark blicken Sie auf steile Klippen. › **S. 61**
- Polens Nordpol: Spektakulär ist **Kap Rozewie** inmitten einer wild-herben Szenerie. › **S. 75**
- Vom Glockenturm auf dem Domhügel in **Frombork** genießt man eine fantastische Aussicht auf die Stadt und das Haff. › **S. 127**
- Im masurischen **Łuknajno** blickt man aus dem Uferdickicht auf Europas größte Höckerschwankolonie. › **S. 138**

## Hotels

**Trzy Wyspy Hotel & Spa €€€**
Dreisternehotel mit großem Wellnessangebot, Pool, Sauna, Restaurants und
Radverleih in Strandnähe.
- ul. Cieszkowskiego 1
  72-600 Świnoujście
  Tel. 091/8 84 00 00
  www.trzywyspy.pl

**Polaris €€**
Schlichtes Hotel mit gutem Service. Ent-
schlackungs- und Entspannungskuren,
deren Kosten deutsche Krankenkassen
z.T. übernehmen. Massagen und Moor-
packungen, Wasser- und Lasertherapien.
- ul. Słowackiego 33
  72-600 Świnoujście
  Tel. 091/3 21 54 12
  www.hotelpolaris.pl

## Restaurants

Empfehlenswert sind die Hotelrestau-
rants. An Fischbratküchen und Imbiss-
ständen können Sie den kleinen Hunger
stillen.

## Shopping

Auf dem **Grenzmarkt** (Polenmarkt) am
westlichen Ortsrand gibt es (fast) alles
zu kaufen, **!** viel Kitsch, aber auch Klei-
dung, CDs und DVDs sowie Zigaretten,
Wurst, Käse, Obst und Gemüse.

# Międzyzdroje (Misdroy) **4** [A2]

Der Ort (6000 Einw.) entwickelte
sich Mitte des 19. Jhs. zum mondänen Seebad. Zahlreiche Villen des
Fin de Siècle zeugen von der Atmosphäre der einst so geschätzten
Sommerfrische. Heute ist Międzyzdroje Ziel vieler Wasserratten
und Sonnenanbeter. Das **Naturkundemuseum** ist ein guter Startpunkt,
um den Woliński-Nationalpark zu
erkunden (ul. Niepodległości 3a,
Mai–Sept. Di–So 9–17, Okt.–April
Di–Sa 9–15 Uhr, Eintritt inkl. Wisent-Reservat › **S. 62** 6/4 zł).

## Info

**Touristeninformation**
- IT | ul. Promenada Gwiazd 2
  72-500 Międzyzdroje
  Tel. 091/3 28 27 78
  www.mdkmiedzyzdroje.com

## Hotels

**Amber Baltic €€€**
Eines der besten Hotels an der Küste,
mit Indoor- und Outdoor-Pool, Tennis-
und Golfplätzen sowie eigenem
Strandabschnitt. Das **!** Wellnessangebot umfasst Massagen, Hydro-
therapien und Schönheitsbehandlungen.
- ul. Promenada Gwiazd 1
  72-500 Międzyzdroje
  Tel. 091/3 22 85 00
  www.vi-hotels.com

**Willa Dusia €**
Restaurierte Villa im Bäderarchitektur-
Stil, altmodisch eingerichtet und fami-
liär, ruhig und in Strandnähe.
- ul. Mickiewicza 17
  72-500 Międzyzdroje
  Tel. 091/3 28 00 20 | www.dusia.pl

## Restaurants

Die Imbisse an der Seepromenade – z.B.
neben der Mole oder beim Hotel Amber
Baltic – servieren u.a. Forelle, Schleie,
Hecht und Heilbutt.

## Fest

Beim **Wikingerfest** Anfang August wird in Wolin, 17 km von Międzyzdroje, das Mittelalter lebendig (www.joms borg-vineta.com).

# Woliński-National- park ⭐ **5** [A2]

In der Mitte der Ostseeinsel Wolin liegt der etwa 100 km² große Woliński-Nationalparks (Woliński Park Narodowy, www.wolinpn.pl). Die Endmoräne schuf hier Höhen- unterschiede von bis zu 115 m, ent- sprechend führt die Straße in stän-

digem Auf und Ab durch herrlichen Buchenwald.

Die bis zu 93 m hohen Klippen der imposanten Steilküste, die stän- dig Wind und Wasser ausgesetzt sind, weichen immer weiter zurück, sodass die mächtigen Baumstämme kippen und auf den Strand fallen, was ihm eine urzeitliche Erschei- nung verleiht. **|** Den besten Aus- blick hat man von der Gosań- Klippe, dem höchsten Punkt der Küste. Halten Sie dazu am Parkplatz gut 1,5 km östlich Międzyzdroje an der Straße 102. Dort biegt ein Wald- weg ab, der nach 500 m nahe dem Kliff endet.

Międzyzdrojes Strand ist einer der schönsten an der polnischen Ostseeküste

Im Woliński-Nationalpark

Beachtlich ist die Vielfalt der Flora und Fauna: Es dominieren zwar Buchen, aber auch Kiefern, Eichen und die seltenen Eiben wachsen hier. Das Symbol Wolins ist der Seeadler, der lautlos über der Insel kreist. Weitere 200 Vogelarten und insgesamt 1300 Pflanzenarten sind im Nationalpark heimisch.

Nette Wanderwege führen von **Międzyzdroje** › **S. 60** zu den schönsten Teilen des Parks: Rote Zeichen markieren den Weg entlang der Küste, blaue führen zum Haff und zum Türkisen See (Jezioro turkusowe in Wapnica) – einem in einem

alten Kreideberg angelegten See, dessen Wasser tatsächlich türkisgrün ist (Badeverbot).

Die grüne Markierung bringt Sie, vorbei an einem Gehege mit Wisenten, zu den malerischen Seen im Osten des Parks (Touren in der Region › **S. 51**). Der Wisent, ein Verwandter des nordamerikanischen Bisons, dessen weltgrößte Herde im ostpolnischen Białowieża zu Hause ist, war bis ins 14. Jh. auch in Pommern heimisch (Zagroda Pokazowa Żubrów, Mai–Sept. Di–So 10–18, sonst Di–Sa 8–16 Uhr, Eintritt inkl. Naturkundemuseum › **S. 60** 6/4 zł).

# Kamień Pomorski (Cammin) 6 [A2]

Das Städtchen (10 000 Einw.) wird in der Neuzeit als Solebad geschätzt. Von 1176 bis zur Reformation war Cammin Bistum, was es auch blieb, als Stettin bereits Hauptstadt Pommerns geworden war. Die Versandung des Oder-Mündungsarmes Dziwna (Dievenow), des einzigen Zugangs zum Meer, leitete allerdings den Niedergang der einst blühenden Handelsstadt ein.

Eines der wenigen Gebäude, die den Zweiten Weltkrieg unbeschadet überstanden haben, ist der 1176 gestiftete **St.-Johannis-Dom** (katedra św. Jana) nordöstlich des Marktes. Von dem Granitbau aus dem 12. Jh. ist nur das nördliche Querschiff erhalten. Der spätromanischen ersten Backsteinkirche folgte ein Umbau in der Gotik, den man wiederum barockisierte. Hochaltar und eine Kanzel gehören noch zum Originalbestand aus Hochgotik und Barock.

Das Prunkstück der Kathedrale ist die Orgel aus dem Jahr 1669, deren herrlicher Klang nicht nur Musikliebhaber begeistert. Die Orgelpfeifen werden von vergoldeten Heiligenfiguren bekrönt. Der Stifter, Bischof Boguslaw de Croy, ist auf einem von Cherubinen gehaltenen Bild verewigt.

Zwischen Mitte Juni und Mitte August zieht das **Internationale Festival der Orgel- und Kammermusik** Besucher aus ganz Polen an. Die Konzerte finden meist freitags statt (www.kamienpomorski.pl).

## Restaurant
**Pod Muzami** €€
Gutes Hotelrestaurant am Marktplatz.
• ul. Gryfitów 1 | 72-400 Kamień Pomorski
Tel. 091/3 82 22 40
www.podmuzami.pl

# Trzęsacz (Hoff) 7 [B2]

Sonnenschirme, Eis- und Limonadeverkäufer, Kinder mit Sandförmchen und Schwimmreifen bestimmen das Bild. Was den Ort aber heraushebt, ist seine erstaunliche Kirchenruine aus dem 15. Jh. Die Steilküste weicht jährlich etwa 80 cm zurück, sodass von der Nikolaikirche, die früher die Dorfmitte markierte, heute nur noch Reste der Chormauern stehen, ansonsten stürzte das Gotteshaus samt Friedhof in die Ostsee. Dank der Denkmalschützer werden die Klippen inzwischen an dieser Stelle abgestützt. Ein Museum informiert über die Abrasion (Muzeum, ul. Klifowa 3 b, www.muzeumtrzesacz.pl, Juli bis Sept. tgl. 9–17, Mai/Juni, Okt. bis Mitte Dez. Di–So 9–16 Uhr, Eintritt 16/13 zł).

## Hotel
**Oasis Resort & Spa** €€€
Wenige Kilometer östlich von Trzęsacz findet man eine der besten Unterkünfte an der Ostsee, klein, behaglich und mit allem denkbaren Komfort. Das restaurierte Herrenhaus liegt mitten im Grünen, nur ein paar Schritte von einem der schönsten Strände der Region entfernt.
• ul. Klifowa 34 | 72-344 Rewal
Tel. 091/3 86 27 01
www.oasisresort.pl

# POMMERSCHE KÜSTE

## Kleine Inspiration
___

- **Die gotische Schnitzkunst bewundern** im Mariendom zu Kołobrzeg › S. 69
- **Fürstlich speisen** im eleganten Renaissanceschloss von Krąg › S. 70
- **Polens nördlichsten Punkt genießen** auf dem hoch aufragenden Leuchtturm von Rozewie › S. 75
- **Flanieren zwischen Ostsee und Danziger Bucht** in Jurata auf Hel › S. 76

Spektakulär sind die Dünen im Słowiński-Nationalpark. Westlich davon liegen Seebäder wie Kołobrzeg, im Osten ist die Küste einsam und wild – ein naturbelassener Strand reiht sich an den nächsten bis zur Halbinsel Hel.

Der Reiz des flachen Landes offenbart sich nicht gleich auf den ersten Blick. Es ist die endlose Weite der Felder, die bezaubert. Wesentlich lohnender als die Hauptstraße E 28 von Stettin nach Danzig ist die längere Strecke entlang der Küste. Hier liegt das traditionsreiche Seebad **Kołobrzeg,** das nicht nur einen herrlichen Sandstrand hat, sondern auch einen gewaltigen Mariendom und ein vom preußischen Star-Architekten Karl Friedrich Schinkel erbautes Rathaus. Noch spannender sind die weiter östlich gelegenen wandernden Sanddünen bei **Łeba,** in denen man sich wie in einer Wüste fühlt. Hervorragende Bademöglichkeiten bietet die schmale **Halbinsel Hel,** die sowohl zur Danziger Bucht als auch zum offenen Meer hin von feinen Stränden gesäumt ist. Landeinwärts erstrecken sich schier endlose Getreide- und Kartoffelfelder. Die Region kann in drei Tagen bewältigen, wer mit einem flüchtigen Blick zufrieden ist. Die herrlichen Strände und Badeorte an der Ostsee laden aber zu einem längeren Aufenthalt ein.

# Touren in der Region

**Tour 4**

## Leuchttürme und Strandseen

**Route: Kołobrzeg › Gąski › Darłówko › Jarosławiec › Ustka › Swołowo › Słupsk (› Kołobrzeg)**

**Karte:** Seite 66

**Länge:** 149 km (mit Rückfahrt nach Kołobrzeg 239 km)

**Praktische Hinweise:**

• Diese Tour ist für Auto- wie für Radfahrer geeignet, da sie überwiegend über wenig verkehrsreiche Straßen verläuft.

• Wer übernachten möchte, findet in Darłówko bzw. Jarosławiec eine große Auswahl an Unterkünften.

• Radfahrer können von Słupsk per Zug nach Kołobrzeg zurückfahren. Im Fahrplan auf das Symbol mit Gepäckwagen achten!

## Tour-Start:

Den besten Ausblick auf den Küstenverlauf und das waldreiche Hinterland bieten Leuchttürme. Längs der polnischen Ostseeküste sind 16

Wanderdüne von Łeba

Ein Blickfang im Hafen von Kołobrzeg ist der Leuchtturm, den man auch besteigen kann

in Betrieb – die meisten können besichtigt werden. Die Tour führt an mehreren großen Strandseen vorbei: ehemaligen Meeresbuchten, die durch angeschwemmten Sand im Lauf der Zeit vom offenen Meer abgeschnitten wurden.

In **Kołobrzeg 1** › **S. 68** ist der bastionsartige Leuchtturm, der 1945 an der Stelle eines Vorgängerbaus aus dem Jahre 1666 errichtet wurde, Teil der alten Hafenanlagen. Von seiner Aussichtsplattform bietet sich ein schöner Blick auf die ein- und auslaufenden Schiffe an der Parsęta-Mündung (April–Okt. tgl. 10 bis 17 Uhr, Eintritt 8/6 zł).

Fahren Sie über Tymień, Gąski und Mielno auf die schmale Nehrung zwischen Meer und Jamnosee bis Łazy. Nun schwenkt man landeinwärts ein, um dann in Sucha Koszalińska auf die Straße 203 zu wechseln. Diese führt am Ufer des Bukowosees nach Darłówko. Der niedrige Leuchtturm aus dem Jahr

## Touren an Pommerns Küste und in Danzigs Umgebung

### Tour 4

**Leuchttürme und Strandseen**

1885 steht am östlichen Ufer der Wieprza. Zum Übernachten bietet sich das Hotel Apollo an › **S. 71**.

Über das mittelalterliche Städtchen **Darłowo** 3 › **S. 70** folgen Sie 8 km der Straße 203 und biegen dann links in die Nebenstrecke (ausgeschildert Barzowice) nach Jarosławiec ein. Vom dortigen Leuchtturm (im Sommer tgl. 10–20 Uhr) bietet sich ein toller Blick auf die Kliffküste und den Wickosee.

Wieder zurück auf der Straße 203 fahren Sie bis Postomino. 4 km hinter dem Ort biegen Sie rechts ins »Karierte Land« (kraina w kratką)

ab: So nennt man die Region wegen ihrer schwarz-weißen Fachwerkhäuser. Schönstes Dorf weit und breit ist Swołowo, das bereits 1230 urkundliche Erwähnung fand. Hier wurde ein ehemaliges Gehöft, der Albrechthof, zum Volkskundemuseum umfunktioniert, das interessierte Besucher zu einer Zeitreise einlädt (www.muzeum.swolowo.pl, Mitte April–Aug. Di–So 10–18, sonst bis 15 Uhr, Eintritt 14/10 zł). Von hier sind es noch 13 km bis nach **Słupsk** 4 › **S. 71**. Auf der E 28 (bzw. per Zug) kehren Sie rasch nach Kołobrzeg zurück.

## Tour 5   Wanderung im Słowiński-Nationalpark

Łeba/Rąbka › Łącka-Düne › Strand › Łeba

## Tour 6   In die Kaschubische Schweiz

Danzig › Żukowo › Kartuzy › Chmielno › Brodnica › Ostrzyce › Koscierzyna › Wdzydze Kiszewskie › Bytów › Brodnica › Danzig

## Tour 7   Schiffs- und Bahntour nach Hel

Danzig › Hel › Władysławowo › Puck › Gdynia › Sopot › Danzig

# Wanderung im Słowiński-Nationalpark

**Route:** Łeba/Rąbka › Łącka-Düne › Strand › Łeba

**Karte:** Seite 66
**Länge:** 15 km (8 Std., davon 5–6 Std. reine Gehzeit)
**Praktische Hinweise:**
- Eine Tagestour für konditionsstarke Wanderer! Zwar ist der Weg markiert und problemlos begehbar, doch läuft es sich auf Sand mühsam. Viel Trinkwasser, Sonnencreme und eine Kopfbedeckung mitnehmen!
- Kartenmaterial hält die Nationalparkverwaltung bereit › S. 74.

## Tour-Start:

Die Traumlandschaft des so wasserreichen **Słowiński-Nationalparks** 6 › S. 73 lernt man am besten zu Fuß kennen. Von **Łeba** 5 › S. 73 fahren Sie per Bus oder Auto ins 2 km entfernte Rąbka am Eingang zum Nationalpark. Wer sich schonen will, der nimmt für die folgenden 3 km Waldweg einen Elektrowagen oder ein Leihrad. Die Bäume spenden wohltuenden Schatten. Die letzte, 2 km lange Strecke zur Łącka-Düne legt man aber zu Fuß zurück. Nun heißt es: hinauf auf den 50 m hohen Sandberg. Lohn der Mühe ist ein weites Panorama über die Dünen, das Meer und zwei Strandseen.

Anschließend läuft man auf den rot markierten Sandspuren zur Küste, wo sich der Weg teilt: Rechts geht es nach Łeba zurück. Lassen Sie sich einfach die folgenden 5 km am **Strand** entlang treiben. Sobald der Weg die Küste verlässt, ist man der Sonne weniger ausgesetzt.

## Verkehrsmittel

Die Bahnstrecke zwischen den Hauptorten Kołobrzeg › Słupsk › Lębork › Danzig wird gut bedient; von dieser Hauptlinie führen nur wenige Stichstrecken zur Küste. Wer von einem kleinen Küstenort zum nächsten fahren will, der ist mit dem Bus besser bedient.

# Unterwegs an Pommerns Küste

## Kołobrzeg (Kolberg) 1 [B2]

Im Sommer verbringt scheinbar halb Polen seine Ferien an den Stränden dieses Seebads (47 000 Einw.): Dann geht es hier und auf der Promenade hoch her. Auch außerhalb der Saison sind die vielen Hotels und Pensionen gut besucht. Die jodreiche Meerluft, Salzwasser und Moor schaffen beste Kurbedingungen.

Kołobrzeg lässt heute kaum erahnen, wie lang und kriegerisch seine Geschichte ist. Eine befestigte slawische Siedlung wurde im Jahr 1000 vom späteren polnischen König Bolesław I. dem Tapferen erobert, der hier das erste Bistum Pommerns errichtete. Die spätere Stadt trat 1284 der Hanse bei, was ihre wirtschaftliche Bedeutung (Salzgewinnung) noch vergrößerte. Preußen baute Kolberg zu einer starken Festung aus, die August Wilhelm Graf von Gneisenau 1806/07 erfolgreich gegen französische und polnische Truppen verteidigte. Im Zweiten Weltkrieg wurde die Stadt fast völlig zerstört und erst nach 1980 wieder aufgebaut.

## Der Mariendom

Das herausragende Baudenkmal der Stadt ist der restaurierte Mariendom. Die Hallenkirche entstand Anfang des 14. Jhs. und wurde später um jeweils ein Schiff an jeder Seite erweitert. Die Westfassade mit den beiden Türmen liegt wie ein massiver Riegel vor dem Kirchenbau. Eine Kostbarkeit der ursprünglichen Innenausstattung ist das gotische **Bronzetaufbecken** (1355) mit Darstellungen aus dem Leben Christi. Der **Schiffskronleuchter** (1523), nach seinem Stifter Schliefenkrone genannt, gehört zu den exquisitesten Beispielen gotischer Schnitzkunst in Pommern. Nicht weniger bemerkenswert ist der siebenarmige **Stehleuchter** von 1327 aus einer Lübecker Werkstatt.

## Das Rathaus

In der Nähe des Doms entstand Ende des 19. Jhs. über gotischen Kellergewölben das Rathaus nach Entwürfen des Architekten Karl Friedrich Schinkel. Das massige Gebäude im neogotischen Stil gleicht mit seinem zinnenbewehrten Turm und den vorstehenden Seitenflügeln einem Schloss.

### Info

**Touristeninformation**
- ul. Armii Krajowej 12 | 78-100 Kołobrzeg
  Tel. 094/3 55 13 20
  www.kolobrzeg.pl/turystyka

### Hotels

**New Skanpol** €€€
Das Komforthotel unter dänischer Leitung liegt auf halber Strecke zwischen Strand und Stadt. Großzügige Zimmer, Therapie- und Beauty-Center.
- ul. Dworcowa 10 | 78-100 Kołobrzeg
  Tel. 094/3 52 82 11
  www.newskanpol.pl

Kołobrzeg verspricht gesunde Meerluft

**Jantar Spa** €€

Glanzvoll renovierte Villa anno 1905 im Kurpark, nur 150 m vom Strand entfernt. Mit Hallenbad, Jacuzzi, Sauna, ❗ medizinischer Rundumbetreuung, klassischen und modernen Therapien.

• ul. Prof. T. Rafińskiego 10–14
 78-100 Kołobrzeg
 Tel. 094/3 52 22 59 | www.jantarspa.pl

❗ **Erst-klassig**

## Gratis entdecken

• In **Jurata** auf Hel verbindet eine wundervolle Promenade die Danziger Bucht und die Ostseeküste. › S. 76
• Der Eintritt ins **Danziger Bernsteinmuseum** ist im Winter dienstags, im Sommer montags frei. › S. 92
• Die Freilichtausstellung »Kurort – Festung – Symbol« und das Denkmal auf der **Westerplatte** erinnern nicht nur an den Zweiten Weltkrieg und sind frei zugänglich. › S. 95
• Von Oktober bis Ostern ist das Flanieren auf der **Sopoter Seebrücke**, der mit 511 m längsten Europas, kostenlos. › S. 97
• Die **Muschelsuche** beim Spaziergang am Strand von **Krynica Morska** auf der Frischen Nehrung sorgt für einen freien Kopf – und nebenbei für Erinnerungen daheim. › S. 126
• Ein **Bad im Jezioro Jeziorak** ist erfrischend und kostenlos, man muss nur ein lauschiges Plätzchen finden. › S. 133

## Restaurant

**Pergola** €€

Das Lokal an der Strandpromenade bietet einen ❗ tollen Meerblick zur ausgezeichneten Fischküche.

• Bulwar J. Szymańskiego 14
 78-100 Kołobrzeg
 Tel. 094/3 54 01 40 | www.pergola.pl

## Sport

**Stadnina Michalski**

Das Gestüt südlich von Kołobrzeg an der Persante bietet Reitstunden, Ausritte in der Umgebung und Ausflüge ans Meer hoch zu Ross. **50 Dinge** ② › S. 12.

• ul. Kołobrzeska 6n, Budzistowo
 78-100 Kołobrzeg | Tel. 094/3543754
 www.stadninamichalski.pl

# Krąg (Krangen) ❷ [C2]

In Krąg, zwischen Kołobrzeg und Darłowo (30 km östlich von Koszalin), thront über einem See Pommerns größtes Renaissanceschloss.

## Hotel

**Zamek Podewils** €€€

❗ Im Schlosshotel kann man fürstlich wohnen und speisen. Für Entspannung sorgen Saunen, Ruderpartien und Radausflüge in die waldreiche Umgebung.

• Krąg 16 | 76-010 Krąg/Polanów
 Tel. 094/3 47 05 16 | www.podewils.pl

# Darłowo (Rügenwalde) ❸ [C1]

Das gut erhaltene, hübsche Zentrum der alten Hansestadt (14 000 Einw.) macht Lust auf einen kleinen Stadtbummel.

Mittelpunkt ist der **Marktplatz** mit barockem **Rathaus** und repräsentativen Patrizierhäusern. In der Nähe erhebt sich die gotische **Marienkirche** (14. Jh.) mit dem Grabmal des Königs von Schweden, Dänemark und Norwegen, Erik I. (reg. 1397–1442), der nach seiner Absetzung in Darłowo lebte.

Außerhalb der Stadtbefestigung steht die schönste der drei in Pommern erhaltenen Friedhofskapellen (Rügenwalde, Köslin und Stolp), die **St.-Gertruden-Kapelle** (Kaplica św. Gertrudy). Der Zentralbau entstand vermutlich 1434 nach der Wallfahrt Eriks I. nach Jerusalem in Anlehnung an die dortige Grabeskirche.

Südlich der Altstadt steht trutzig auf der ehemaligen Mühleninsel das **Schloss der Pommerschen Herzöge** (14.–16. Jh.), eine viereckige Anlage mit quadratischem Torturm; König Eriks Schloss birgt heute das **Regionalmuseum** mit seiner historischen Sammlung (www.muzeumdarlowo.pl, Juli/Aug. tgl. 10–18, Mai/Juni, Sept. tgl. 10–16, sonst Mi–So 10–16, Eintritt 14/12 zł).

Lohnenswert ist ein Abstecher in den direkt an der Küste gelegenen Ortsteil **Darłowko** (Rügenwaldermünde) mit seinen weiten Sandstränden, einer begrünten Uferpromenade und dem backsteinernen Leuchtturm. **50 Dinge** ㉕ › S. 15.

### Hotel

**Hotel Apollo** €€€

❗ Charmantes Haus direkt am Strand von Darłowko. Individuell eingerichtete Zimmer mit Meer- oder Parkblick, Café-Bar mit Aussicht über die Ostsee.

Das Schloss der Pommerschen Herzöge

- ul. Kąpielowa 11 | 76-153 Darłowo
  Tel. 094/3 14 24 53
  www.hotelapollo.pl

# Słupsk (Stolp) **4** [D1]

Die Hansestadt Słupsk (92 000 Einw.) kam im Mittelalter durch den Bernsteinhandel zu Wohlstand, versank nach der Verschlickung der zur See führenden Słupia (Stolpe) aber in Bedeutungslosigkeit. Erst im 19. Jh. konnte sich Słupsk wirtschaftlich erholen. Das »Paris von Hinterpommern« wurde im Zweiten Weltkrieg vollkommen zerstört.

## Altstadt

Beginnen Sie Ihren kleinen Spaziergang am besten am zentral gelegenen **Plac Zwycięstwa** mit dem neogotischen **Rathaus** von 1898. Durch

Wild, weit und unberührt erstreckt sich der Ostseestrand bei Łeba

das gotische **Neue Tor** (Nowa Brama; 15. Jh.) mit seiner hübschen Kunstgalerie gelangen Sie in die Altstadt (Stare Miasto), von der wenig übrig geblieben ist. Hinter dem Tor fällt der wuchtige, ungegliederte Turm der **Marienkirche** (Kościół Mariacki, 14. Jh.) ins Auge. Am nahen **Marktplatz** (Stary Rynek) stehen noch einige alte Bürgerhäuser.

## Schloss der Pommerschen Fürsten

Bald ist das **Schloss** aus dem 16. Jh. erreicht. Das darin untergebrachte **Regionalmuseum** (Muzeum Pomorza Środkowego, www.muzeum.slupsk.pl, Mi–So 10–16 Uhr) birgt u. a. die Zinnsarkophage der beiden in der Schlosskirche bestatteten Mit-

glieder der Herzogsfamilie. Słupsk war vom 15.–17. Jh. Hauptstadt eines der Herzogtümer Pommerns. Sehenswert sind aber vor allem die Pastellporträts eines der eigensinnigsten Künstler und Schriftsteller der polnischen Zwischenkriegszeit, Stanisław Ignacy Witkiewicz, kurz Witkacy genannt (1885–1939). Auf seinen expressionistischen Bildern hat Witkacy immer vermerkt, welche Droge in welcher Dosis ihn beim Schöpfungsakt unterstützt hatte. **50 Dinge** ③⓪ › S. 15.

Gegenüber dem Schloss stehen die gotische **Schlossmühle** (15. Jh.) mit der volkskundlichen Sammlung des Museums, ein 1998 rekonstruierter Speicher (Teestube) und die **Schlosskirche** (Kościół św. Jacka).

Zwei Grabdenkmäler im Innern zeigen die Herzogin Anna de Croy und den knienden Bogusław de Croy in Begleitung zweier vollständig behaarter Waldmenschen, der sogenannten Wilden Männer.

## Info

### Touristeninformation

• ul. Starszyńskiego 8 | 76-200 Słupsk
  Tel. 059/7 28 50 41 | www.slupsk.pl

## Hotel

### Piast €€€

Das Stadthotel von 1897 ist das beste am Ort und bietet großzügige Zimmer.

• ul. Jedności Narodowej 3 | 76-200 Słupsk
  Tel. 059/8 42 52 86
  www.hotelpiast.slupsk.pl

## Restaurant

### Karczma Pod Kluką €€

Regionalküche in gemütlichem Ambiente. Probieren Sie Walnusssuppe und Birne auf kaschubische Art.

• ul. Kaszubska 22 | 76-200 Słupsk
  Tel. 059/8 42 34 69
  www.podkluka.pl

# Łeba (Leba) **5** [D1]

Das Seebad (4000 Einw.) ist ein idealer Ausgangspunkt für Ausflüge in den recht nahe gelegenen Słowiński-Nationalpark. Die herrlichen Sandstrände laden zu einer ausgiebigen Badepause ein. **50 Dinge** ⑨ › S. 13.

## Info

### Touristeninformation

• ul. Kościuszki 121 | 84-360 Łeba
  Brama Kaszubskiego Pierścienia
  Tel. 059/4 24 76 15 | www.leba.eu

## Hotels

### Neptun €€€

❗ Stilvolles, 1903 erbautes schlossähnliches Hotel, in toller Lage auf dem Steilufer über dem Strand mit bestem Komfort, erstes Haus am Platz.

• ul. Sosnowa 1 | 84-360 Łeba
  Tel. 059/8 66 14 32
  www.neptunhotel.pl

### Pensjonat Krystyna €

Ruhiges Haus, sehr gutes Frühstück.

• ul. Łebska 128 | 84-360 Łeba-Nowęcin
  Tel. 059/8 66 21 27
  www.krystyna.interleba.pl

# Słowiński-Nationalpark **6** ⭐ [D1]

Der Nationalpark beginnt 2 km westlich von Łeba. Er umfasst vier flache Küstenseen, darunter Lebasee (Jez. Łebsko) und Garder See (Jez. Gardno), dazu die sie von der Ostsee trennenden Nehrungen – eine einmalige Landschaft mit seltenen Tieren und Pflanzen, erschlossen durch 140 km Wege.

Die Nehrung bedecken gewaltige, teils noch wandernde, teils bereits bewaldete Sanddünen. Die eindrucksvollste ist die **Łącka Góra** (Lonzker Düne): Fast 50 m hoch, wandert sie jährlich einige Meter ostwärts. In Europa können nur zwei Dünen dieser Art mit ihr konkurrieren – die der Kurischen Nehrung in Litauen/Russland und die Dune de Pilat bei Arcachon in der Biskaya-Bucht. **50 Dinge** ㉓ › S. 14.

In der Hauptsaison sollte man damit rechnen, dass auch viele andere sich auf den Weg durch den Kiefernwald zur Düne machen. Wer die Einsamkeit sucht: Das schönste Licht hat man ohnehin früh morgens und abends, auch wenn man dann zu Fuß gehen muss.

Der beste Ausgangspunkt für Erkundungen ist der Parkplatz in Rąbka, etwa 2 km westlich von Łeba. Wer die 5 km Wegstrecke bis zur Düne nicht laufen will, der kann dort ein Fahrrad mieten oder einen Elektrowagen nehmen. Der Weg, eine Betonpiste, erinnert an die militärische Nutzung des Gebiets während der NS-Zeit; hier wurden V1-Flugkörper getestet. Am Ziel der Wanderung steht man vor den ersten den Wald verschlingenden Sandwänden. Angesichts dieser Naturgewalten kann man leicht nachvollziehen, dass die erste Stadt Łeba im 16. Jh. weiter nach Osten verlegt werden musste.

Sahara? Gran Canaria? Nein – dies ist der

## Info

**Słowiński Park Narodowy**
• ul. Bahaterów Warszawy 1A
  76-214 Smołdzino
  Tel. 059/8 11 72 04
  www.slowinskipn.pl

# Krokowa (Krockow) 7 [E1]

Hier, rund 7 km von der Ostsee entfernt, ließ sich die Familie Krockow, die aus einem westpreußischen Adelsgeschlecht stammt, im Jahre

**SEITENBLICK**

### Reise zu den Slowinzen

Ein Wanderweg entlang des Jezioro Łebsko führt von Łeba nach **Smołdzino** (Schmolsin) und **Kluki** (Klucken), in die vor 1945 letzten slawischen Dörfer Pommerns (auch mit dem Auto via Wicko zu erreichen). Noch nach dem Zweiten Weltkrieg lebten hier die letzten Slowinzen, eine mit den Kaschuben verwandte ethnische Gruppe. Die Abgeschiedenheit des sumpfigen Geländes ermöglichte es ihnen, ihre Sprache und ihr Brauchtum so lange lebendig zu erhalten. In Smołdzino wurde ein **Museum des Słowiński-Nationalparks** eingerichtet (Mai–Sept. tgl. 9–17, sonst Mo–Fr 7.30–15.30 Uhr, Eintritt 4/2 zł); in Kluki präsentiert ein **Freilichtmuseum** Volksarchitektur und Brauchtum der Slowinzen (www.muzeumkluki.pl, Mai–Aug. Di–So 10–18, sonst Di–So 9–16 Uhr; Eintritt 14/10 zł).

Słowiński-Nationalpark und dahinter die Ostsee

1782 ein Schloss samt italienischer Parkanlage erbauen. Seit Anfang der 1990er-Jahre dient es in Teilen als europäische Begegnungsstätte und kaschubisches Kulturzentrum; Ausstellungen, Vorträge und Konzerte finden hier statt. Nebenan entstand ein **Regionalmuseum** in Zusammenarbeit des Westpreußischen Museums in Münster und des Kreismuseums in Puck (www.zamekkrokowa.pl, Mai/Juni Di–Sa 11–17, Juli/Aug. tgl. 10–18, Sept. bis April Di–Sa 11–16 Uhr, Eintritt 5/2,50 zł).

### Hotel

**Zamek w Krokowej** €€€

❗ Im Schloss kann man ausgesprochen stilvoll übernachten. Geboten wird zudem gute kaschubische Küche, die man unbedingt probieren sollte.

• ul. Zamkowa 1 | 84-110 Krokowa
Tel. 058/7 74 21 11
www.zamekkrokowa.pl

# Jastrzębia Góra (Habichtsberg) 🟦8 [E1]

Am Steilufer liegt der der kleine Badeort, der früher als Lieblingssommerfrische von Marschall Piłsudski besonders exklusive Gäste anzog. Heute ist er wegen seiner Beschaulichkeit beliebt. Der schönste Fußweg führt vom 52 m hohen Steilufer durch die wildromantische Fuchsschlucht Lisy Jar zum Strand hinunter. Auf keinen Fall entgehen lassen sollte man sich den traumhaft schönen ❗ Rundblick vom Leuchtturm Rozewie (Rixhöft), der den nördlichsten Punkt Polens markiert.

Im Sommer gut besucht: das Örtchen Hel

# Hel (Hela) 9 [E1]

34 km reicht die Halbinsel Hel (Półwysep Helski) ins offene Meer. Wenig erinnert daran, dass hier bis 1990 militärisches Sperrgebiet war, denn seitdem hat sich der Tourismus rasant entwickelt. Vier Dörfer und mehrere Campingplätze säumen die sandige Landzunge, an deren Spitze sich das Städtchen Hel ausbreitet. An der schmalsten Stelle trennen gerade 200 m die Ufer einerseits der Ostsee, andererseits der Pucker Bucht, die dank beständiger Winde und flachen Wassers zum Hotspot der Wind- und Kitesurfer avancierte. Im Sommer staut sich auf Hel der Verkehr, wenn es, vor allem am Wochenende, halb Danzig auf die Halbinsel zieht. Von Danzig aus verkehren auch Züge (www.pol regio.pl, Juli/Aug. tgl.) und Schiffe (www.zegluga.pl, Mai/Juni, Sept. Sa/So, Juli/Aug. tgl.).

## Chałupy

Das erste Dorf, wenn man auf die Halbinsel fährt, galt in den 1970er-Jahren als polnisches St. Tropez. Damit meinte man nicht etwa luxuriöse Hotels – die Urlauber wohnten in Fischerhäusern –, sondern die elitäre Gesellschaft. Heute ist Chałupy für seinen FKK-Strand und die alljährlich ausgetragene Regatta **Bote Pod Zoglame** (Boote unter Segeln) bekannt, die auch ein großes kaschubisches Kulturfest ist.

## Jastarnia (Heisternest)

Jastarnia mit seinem hübschen Fischerhafen auf halber Strecke der Landzunge ist auch ihr touristisches Zentrum. Im Ort gibt es eine Reihe guter Fischräuchereien, die ihre Ware auch an den Ständen entlang der Hauptstraße verkaufen. Sommerliches Highlight mit Volksfeststimmung ist am 29. Juni die St. Peter-und-Paul-Fischerwallfahrt der Kaschuben über die Bucht nach Puck.

## Jurata (Forst)

Das Örtchen Jurata liegt mitten in einem grünen Kiefernwald, der sich auch über die bis zu 15 m hohen Dünen zieht, an der engsten Stelle der Halbinsel. **!** Eine Flaniermeile der besonderen Art – sehen und gesehen werden – führt von einer Küste zur anderen. Der Ort wurde in den 1920er-Jahren als schickes Seebad für die polnische Finanzelite gebaut, zog bald auch zahlreiche Künstler an und ist heute eine Wellnesshochburg mit prominenten Gästen.

# Hel (Hela)

Am Ende der Halbinsel liegt das malerische Hel (Hela; 5000 Einw.) mit hübschen kaschubischen Fischerhäusern entlang der Hauptstraße. Die ehemalige gotische Kirche aus dem 15. Jh. wurde zum Fischereimuseum umfunktioniert. Besonders für Kinder interessanter ist das Fokarium, eine Robbenstation (ul. Morska 2, www.fokarium.pl, tgl. 9.30–17 Uhr, Eintritt 5 zł).

## Info
**Touristeninformation**
- ul. Stefańskiego 5 | 84-140 Jastarnia
  Tel. 058/6 75 20 97 | www.jastarnia.pl

## Hotel
**Bryza** €€€
Das traumhaft in den Dünen gelegene 4-Sterne-Haus ist **!** das Top-Wellnesshotel an der Ostseeküste. Es bietet Hallenbäder und ein modernes Spa: Aroma-therapie, Shiatsu und Massagen, Tang-, Öl- und Salzbäder, auch Nordic Walking und geführte Radtouren. Die meisten Zimmer haben Meerblick.
- ul. Międzymorze 2 | 84-141 Jurata
  Tel. 058/6 75 51 00 | www.bryza.pl

## Restaurants
**Captain Morgan** €€
In der rustikalen Seemannskneipe gibt's **!** frischen Fisch: Die Zubereitung ist deftig, die Portionen sind großzügig.
- ul. Wiejska 21 | 84-150 Hel
  Tel. 058/6 75 00 91
  www.captainmorgan.cypel.pl

**Weranda-Ogrodnica** €€
Nach dem guten Essen hier sollte man sich unbedingt ein Dessert gönnen, besonders die Kuchen sind ein Genuss.
- ul. Ks. Bernarda Sychty 98
  84-140 Jastarnia
  Mobiltel. 601/68 23 96
  www.kawiarnia-weranda.pl

Den Robben geht's gut auf der Halbinsel Hel

# DANZIG UND UMGEBUNG

## Kleine Inspiration

- **Die hölzerne Konstruktion** des Hebewerks im Krantor von Danzig bestaunen › S. 86
- **Mit der Fähre schippern** – über die Mottlau in Danzig zur Speicherinsel › S. 87
- **Die verzierten Beischläge** in der Danziger Frauengasse bewundern › S. 87
- **Die friedliche Stille genießen** auf der Westerplatte › S. 95
- **Die Haut vom milden Abendlicht wärmen lassen** auf der Sopoter Seebrücke › S. 97

**Die alte Hansestadt ist längst mit dem mondänen Badeort Sopot und der Hafen-City Gdynia zusammengewachsen. Landeinwärts erreicht man bald die Kaschubische Schweiz mit ihren steilen Hügeln und Seen.**

An der Mündung der Motława (Mottlau) in die Martwa Wisła (Tote Weichsel) glänzt ein Juwel, das Meisterstück polnischer Restauratorenkunst: **Danzig** ist mit seinem prächtigen Stadtbild neben Warschau die größte nach 1945 detailgetreu wieder aufgebaute Metropole des europäischen Kontinents. Im 16. und 17. Jh. war die Stadt die mächtigste an der Ostsee. Heute hat sie Besuchern eine Menge zu bieten, von der größten historischen Backsteinkirche der Welt bis zu Pretiosen aus Bernstein. Wandeln Sie durch die Rechtstadt, die Altstadt

und die alte Vorstadt auf den Spuren vergangener Zeiten. Trinken Sie ein Goldwasser, tauchen Sie ein in die Menschenmassen am Hafenkai, oder nehmen Sie ein Bad in Sopot.

Westlich von Danzig erstreckt sich **Kaschubien:** Einer alten Sage zufolge hatte Gott die Kaschuben bei der Erschaffung der Welt vergessen. Von einem Engel darauf hingewiesen, konnte er diesem Volk nur noch das geben, was in seiner großen Lehmkiste übrig geblieben war: Diese restlichen Brocken und Seen verstreute Gott über das weite, heute überaus reizvolle Land.

# Touren in der Region

## In die Kaschubische Schweiz

**Route: Danzig › Żukowo › Kartuzy › Chmielno › Brodnica › Ostrzyce › Kościerzyna › Wdzydze Kiszewskie › Bytów › Brodnica › Danzig**

**Karte:** Seite 66
**Länge:** 240 km (2 Tage)

Von der Marienkirche aus genießt man einen fantastischen Weitblick über Danzig

**Praktische Hinweise:**
- Übernachten kann man z. B. in Kartuzy oder Bytów › **S. 100** und › **S. 101.**
- Zwar können alle genannten Orte per Bus erreicht werden, doch da Verbindungen rar sind, ist das Auto eindeutig die bessere Wahl.

## Tour-Start:

Westlich von Danzig liegt die Kaschubische Schweiz, das Filetstück Kaschubiens mit viel Mischwald und steilen Hügeln, die sich im Wasser von Seen spiegeln. Eine Rundfahrt von Danzig aus vermittelt einen ersten Eindruck von der Schönheit der Landschaft; so richtig lernt man die dünn besiedelte Region aber nur kennen, wenn man sich Zeit nimmt und sein Zelt an einem der zahlreichen Seen aufstellt.

Von Danzig folgt man der Straße 7 ins rund 21 km westlich gelegene **Żukowo** 13 › S. 99 und besucht dort die Klosterkirche. Eine zweite, noch imposantere Klosterkirche bietet **Kartuzy** 14 › S. 100, das man nach weiteren 12 km erreicht. Ein Kaschubisches Museum stellt Kultur und Folklore der Region vor.

Unmittelbar südwestlich von Kartuzy beginnt dann der landschaftlich reizvollste Teil der Region mit Seen, steilen Höhen und stillen Wäldern, die sogenannte Kaschubische Schweiz › S. 99. Straße 211 bringt Sie nacheinander nach **Chmielno** 16 › S. 101, Brodnica und Ostrzyce, die am Rand lang gestreckter Rinnenseen liegen.

Vorbei am Turmberg (Wieżyca), dem mit 329 m höchsten Berg des polnischen Küstenbereichs, kommt man auf die vielbefahrene Straße 20 und folgt ihr bis Kościerzyna. Der Durchgangsort zur südlichen Seenplatte Kaschubiens ist ein beliebtes Wochenendziel der Danziger mit sauberen Seen und herrlichen Wäldern, die zum Spazierengehen und Pilzesammeln geradezu einladen. Ein Abstecher lohnt ins 17 km entfernte Freilichtmuseum von **Wdzydze Kiszewskie** 17 › S. 101, das mit seinen kaschubischen Häusern das kulturelle Highlight der Region ist.

Wieder zurück in Kościerzyna, fahren Sie auf der Straße 20 nach **Bytów** 18 › S. 101 am Westrand von Kaschubien. Über der Stadt thront die mächtige Ordensburg mit Museum und Hotel.

Auf der Nebenstraße 228 geht es nordostwärts durch eine grüne Hügellandschaft zurück nach Brodnica und von dort auf bekannter Strecke nach Danzig.

# Schiffs- und Bahntour nach Hel

**Route:** Danzig › Hel › Władysławowo › Puck › Gdynia › Sopot › Danzig

**Karte:** Seite 66
**Länge/Dauer:** Tagestour (die Schiffsfahrt dauert ca. 1½ Std., die Rückfahrt mit Zug/Bus 2–2½ Std.)
**Praktische Hinweise:**
• Im Sommer (Juli–August) starten Schiffe der Weißen Flotte vom Danziger Grünen Tor nach Hel: **Żegluga Gdańska** Przystań przy Zielonej Bramie, Tel. 058/3 01 74 26, www.zegluga.pl
• Vom Ort Hel fahren mehrmals tgl. Züge und Busse über Gdynia nach Danzig.

## Tour-Start:
Einmal rund um die Danziger Bucht: Erst geht es mit dem Schiff zur Spitze der Halbinsel, dann mit dem Zug längs ihres langen, strand-

reichen Schweifs bis zum Festland. Hinter Puck entfernt sich die Bahn von der Küste und bringt Sie durch das grüne, leicht gewellte Hinterland nach Danzig zurück.

Von der Anlegestelle am Grünen Tor tuckern Ausflugsschiffe auf Mottlau und Weichsel, an Werft- und Industrieanlagen vorbei bis zur Westerplatte, wo die Weichsel ins Meer mündet. Anschließend quert das Schiff die Bucht und erreicht in Hel die Spitze der gleichnamigen **Halbinsel 9** › **S. 76**. Hier lohnt ein Besuch der Robbenstation, ein Spaziergang zum Leuchtturm und ein Bad am Strand.

Für die Rückreise könnten Sie natürlich die gleiche Route wählen, aber erlebnisreicher ist die Tour einmal rund um die Danziger Bucht. Steigen Sie dazu im Städtchen Hel in den Zug, der auf der Halbinsel nach Władysławowo fährt: eine aussichtsreiche Strecke, die durch Kiefernhaine Ausblick auf Traumstände eröffnet. Über Władysławowo, einen der größten Fischereihäfen des Landes, kommen Sie nach Puck, das mit seinen Fachwerkhäusern und dem Hafen einen beschaulichen Eindruck macht. In Gdynia können Sie die Fahrt unterbrechen und einen Spaziergang zum Hafen unternehmen, um dort die Museumsschiffe zu besichtigen. Eine weitere Unterbrechung empfiehlt sich im quirligen Badeort **Sopot 11** › **S. 97** für einen Strandspaziergang.

## Verkehrsmittel

Die sog. Dreistadt (Trójmiasto) mit Danzig, Sopot und Gdynia ist durch ein dichtes Netz öffentlicher Verkehrsmittel verknüpft. Fahrscheine für SKM(Stadtschnell)-, Straßenbahnen und Busse in diesem Verkehrsverbund der Danziger Bucht (www.mzkzg.org, www.skm.pkp.pl) erhält man sowohl an Automaten als auch an Bahnschaltern. Für Vielfahrer empfiehlt sich der Kauf einer Tageskarte, die für alle Verkehrsmittel gilt. Größere Orte in Kaschubien sind von Danzig aus per Bus oder Zug erreichbar, allerdings sind die Verbindungen zwischen kleinen Dörfern schlecht. Für Fahrten über Land eignet sich daher am besten ein Auto. Mietwagen erhält man z. B. am Flughafen (www.avis.pl, www.hertz.com.pl, www.sixt.pl, www.budget.pl).

## Wichtige Adresse
**Lech-Wałęsa-Flughafen**
• ul. Słowackiego 200 | 80-298 Gdańsk
Tel. 052/5 67 35 31
www.airport.gdansk.pl

Der alte Leuchtturm im Seebad Sopot

# Unterwegs in Danzig

## Gdańsk (Danzig) 🔟 [E2]

Die größte Stadt Nordpolens zählt rund 465 000 Einwohner. Zusammen mit Sopot und Gdynia, mit der sie die Dreistadt (Trójmiasto) bildet, sind es sogar 750 000 Einwohner.

Die Geschichte Danzigs ist vor allem die einer eigenständigen Stadt, in der bis 1945 Deutsche die überwiegende Mehrheit der Einwohner stellten, der aber die polnischen Könige vom 15.–18. Jh. als Stadtrepublik weitgehende Autonomie garantierten.

## Stadtbesichtigung

Ungefähr vier Stunden dauert der im Folgenden beschriebene Rundgang durch die Recht- und Altstadt. Mühelos zu Fuß erreichbar sind auch das ein wenig abseits gelegene Nationalmuseum sowie das geschichtsträchtige Gelände der Danziger Werft. Wer die Westerplatte besuchen möchte, kann mit der Wassertram u. a. von der Anlegestelle Zielona Brama fahren (an der Mottlau, beim Grünen Tor). Die Besichtigungspunkte in der Dreistadt sind am besten per Stadtbahn (ab bzw. an Danziger Hauptbahnhof), Straßenbahn, Bus oder Taxi zu erreichen. Für den Besuch von Oliwa, Sopot und Gdynia sollte man – im Sommer inklusive Strandvergnügen – am besten einen ganzen Tag einplanen.

## Am Kohlenmarkt [a3]

Ausgangspunkt des Stadtbummels durch das historische Zentrum ist der Kohlenmarkt (Targ Węglowy), einige hundert Meter von dem im 19. Jh. errichteten neogotischen Hauptbahnhof entfernt.

Das **Hohe Tor** Ⓐ (Brama Wyżynna) [a3], ein massiver Bau aus dem 16. Jh., bildet den repräsentativen Westeingang und Auftakt zu Danzigs »Königsweg«, der an der Mottlau endet. Alle polnischen Könige, die Danzig besuchten, zogen durch dieses Tor in die Stadt ein. So prangen neben dem Königswappen von Preußen und dem Wappen der Stadt auch der polnische Adler und Psalm 122 der Bibel auf Deutsch: »Es müsse Frieden sein inwendig in deinen Mauern.«

Anschließend passiert man den **Stockturm**, den einstigen Stadtkerker, von dessen Bestimmung heute noch Folterinstrumente und Ketten zeugen. Mittlerweile ist ein Bernsteinmuseum in den Turm gezogen (> **Special S. 92**). Das dritte und innere Tor in der mittelalterlichen Wehrmauer, das **Goldene Tor** Ⓑ (Złota Brama) [b3], wurde erst zu Anfang des 17. Jhs. errichtet. Der flämische Architekt Abraham van den Blocke brachte hier Elemente eines römischen Triumphbogens ein. Den oberen Abschluss bildet eine Balustrade, bekrönt von Skulpturen, die die Tugenden der Stadt verkörpern: u. a. Freiheit, Ruhm, Reichtum und Frieden.

**SPECIAL**

# Gydanyzc–Danzig–Gdańsk

Ein römischer Chronist erwähnte bei der Schilderung der Missionsreise des hl. Adalbert 997 eine Siedlung namens Gydanyzc, und so feierte Danzig 1997 sein 1000-jähriges Bestehen. Als Hauptstadt eines slawischen Herzogtums war es im 12. Jh. ein bekanntes Handelszentrum. 1225 ließen sich hier die ersten Lübecker Kaufleute nieder.

1308 nahm der Deutsche Orden von der Stadt Besitz. Doch ihre Bewohner fühlten sich von den Ordensrittern bevormundet. 1454 baten die deutschen Danziger den polnisch-litauischen König um Schutz und kämpften an seiner Seite gegen den Deutschen Orden. Belohnt wurden sie mit dem Status einer freien Stadt. Um 1600 war Danzig mit 50 000 Einwohnern die mächtigste Stadt der Vielvölkermonarchie. 1793 fiel Danzig an Preußen, wurde in der napoleonischen Zeit freie Stadt und stand 1920 bis 1939 mit einem deutschen Bevölkerungsanteil von 90 % unter der Kontrolle des Völkerbundes.

In Danzig begann mit dem Beschuss des polnischen Stützpunkts auf der Westerplatte durch deutsche Marine der Zweite Weltkrieg. Nach dessen Ende war die Perle der Ostsee ein Trümmerfeld: 90 % des Stadtkerns lagen in Schutt und Asche. Auf Flucht und Vertreibung der deutschen Bevölkerung folgte die Besiedlung durch Polen, die aus den östlichen polnischen, nach dem Krieg sowjetischen Landesteilen kamen. 1948 beschloss der polnische Staat, Danzig wieder aufzubauen.

Auch der Sturz der kommunistischen Herrschaft begann in Danzig. Die blutig niedergeschlagenen Aufstände der Werftarbeiter 1970 führten zur Gründung der Gewerkschaft Solidarność.

Der Neptunbrunnen

## Langgasse [b3]

Das Goldene Tor bildet den Zugang zur Langgasse (ulica Długa). Vornehme Patrizierhäuser aller Stilepochen säumen die Prachtstraße. Das als Museum bürgerlicher Wohnkultur zugängliche **Uphagenhaus** (1776) bezaubert mit einer teilweise original erhaltenen Rokokoeinrichtung (ul. Długa 12, Di 10–13, Mi, Fr–Sa 10–16, Do 10–18, So 11–16 Uhr, Eintritt 10/5 zł).

## Langer Markt ⭐ [c3]

Die Langgasse mündet in den Langen Markt (Długi Targ). Hier schlägt das Herz der Stadt. Rathaus, Artushof und Grünes Tor setzen prachtvolle Akzente. Cafés und Kneipen reihen sich aneinander, Straßenkünstler unterhalten die Flaneure. Ein beliebter Treffpunkt ist der **Neptunbrunnen** (Fontanna Neptuna; 1615): Der mit einer Har-

pune bewaffnete göttliche Beherrscher der Meere steht für die Stadt Danzig, die Herrscherin über die Ostsee. Gleich zu Beginn des Langen Marktes steht das beeindruckende **Rechtstädtische Rathaus** (Ratusz Głównego Miasta) [b3], mit seinem über 80 m hohen Turm der wohl berühmteste gotische Profanbau Danzigs. Er entstand in mehreren Bauphasen seit 1327. Zum Langen Markt hin ausgerichtet ist die hohe Schaufassade mit ihren schlanken Spitzbogenblendarkaden und zwei eleganten Erkertürmchen. Der Helm des Uhrturms und die Innenräume kündigen schon den Manierismus an.

Heute bildet das ehemalige Rathaus den stilvollen Rahmen für das **Museum der Stadtgeschichte.** Ganz besonders prunkvoll ist der Rote Saal, in dem die Ratsherren tagten: 25 Bilder nach Entwürfen von Vredeman de Vries verzieren Decke und Wände (ul. Długa 46/47, www.mhmg.pl, Di 10–13, Mi, Fr–Sa 10 bis 16, Do 10–18, So 11–16 Uhr, Eintritt 12/6 zł).

- (A) Hohes Tor
- (B) Goldenes Tor
- (C) Langgasse
- (D) Rechtstädtisches Rathaus
- (E) Artushof
- (F) Grünes Tor
- (G) Krantor
- (H) Frauengasse
- (I) Marienkirche
- (J) Großes Zeughaus
- (K) Nikolaikirche
- (L) Markthalle
- (M) Katharinenkirche
- (N) Brigittenkirche
- (O) Europäisches Solidarność-Zentrum
- (P) Museum des Zweiten Weltkriegs

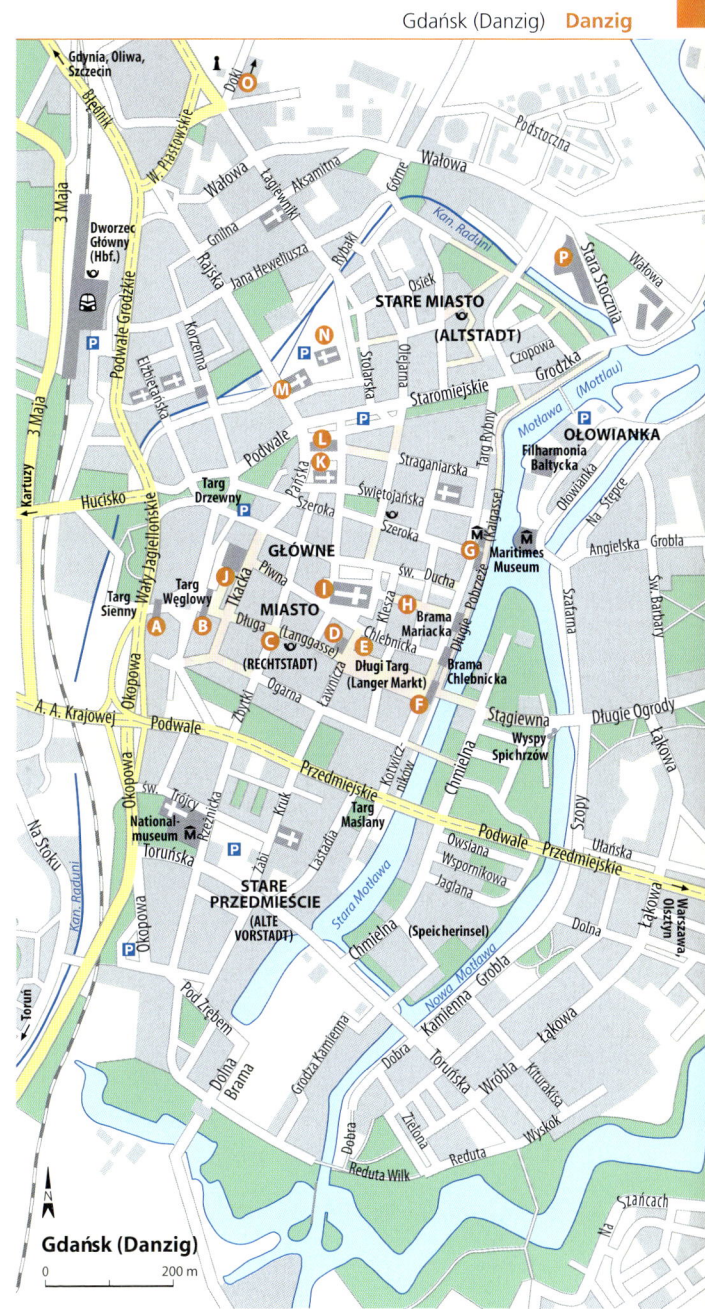

Gdańsk (Danzig)

0    200 m

Hinter dem Neptunbrunnen prunkt der **Artushof** Ⓔ (Dwór Artusa) [b3]. Die Fassade mit ihren drei spätgotischen Fenstern stammt ursprünglich von 1481, wurde aber 1617 von Abraham van den Blocke umgestaltet. Dahinter beeindruckt ein eleganter Saal mit einem von vier Säulen gestützten Sterngewölbe. Hier versammelten sich die reichen Kaufleute, feierten und empfingen wichtige Gäste. Sie wollten dem Adel nicht nachstehen (www.mhmg.pl, Di 10–13, Mi, Fr–Sa 10 bis 16, Do 10–18, So 11–16 Uhr, Eintritt 10/5 zł).

Aus den Patrizierhäusern am Langen Markt ragt das **Goldene Haus** (Złota Kamienica; Nr. 1) [b4] aus dem 17. Jh. hervor, nach einem späteren Besitzer auch Steffenshaus genannt. Vergoldete Reliefs schmücken die hohe, schlanke Fassade. Das Dachsims krönen Skulpturen von Kleopatra, Antigone, Achill und Ödipus.

## Grünes Tor Ⓕ [c4] und Mottlau

Das Grüne Tor (Zielona Brama; 1568), das den Langen Markt im Osten beschließt, führt zur Mottlau. Städtebaulich war Danzig immer Richtung Wasser ausgerichtet. Die wichtigsten Straßen enden am Hafenkai, der früher sowohl Warenumschlagplatz als auch beliebte Promenade der Danziger war. Heute spazieren sowohl Einheimische als auch Touristen gern hier entlang, erwartet von den Ausflugschiffen. Restaurants und Cafés bieten herrliche Logenplätze.

## Krantor Ⓖ [c3]

Am Mottlauufer machen die sogenannten Wassertore mächtig Eindruck: Neben dem Grünen Tor das **Brotbänkentor** (Brama Chlebnicka), das **Frauentor** (Brama Mariacka) und das **Krantor** (Brama Żuraw), das Wahrzeichen der Stadt. Im Backsteinbau von 1444 wurden zwei Treträder rekonstruiert, die das Hebewerk des Krans antrieben und Lasten bis 2 Tonnen bewegten. Heute dokumentiert hier eine Dependance des **Nationalen Maritimen Museums** die interessante Geschichte des Danziger Hafens vom 16. bis 18. Jh. (Narodowe Muzeum Morskie, ul. Szeroka 67/68, www.nmm.pl, Juli/Aug. tgl. 10–18, Febr.–Juni, Sept.–Nov. Di–So 10–16, Dez./Jan. Di–So 10–15 Uhr, Eintritt 8/5 zł; Ticketverkauf im Zentrum für Maritime Kultur › **unten**).

Der zentrale Kartenverkauf des Nationalen Maritimen Museums befindet sich im **Zentrum für Maritime Kultur** wenige Meter weiter. Außerdem ist hier die interaktive und kindgerechte Ausstellung über Menschen, Schiffe und Häfen zu sehen. Im Schiffssimulator fühlt man sich wie ein Kapitän auf hoher See, während die Wellen im Wasserbecken nur über ferngesteuerte Miniboote schwappen. Wer große Schiffe sehen will, muss in die Ausstellungssäle (Ośrodek Kultury Morskiej, ul. Tokarska 21-25, www.nmm.pl, Juli/Aug. tgl. 10–19, Febr.–Juni, Sept. bis Nov. Di–Fr 10–16, Sa/So 10–18, Dez./Jan. Di–So 10–16 Uhr, Eintritt 8/5 zł, Sammelticket inkl. Krantor, Speicher, »Sołdek«, Fähre 23/13 zł).

Eine Fähre (10–16 Uhr) setzt auf die Speicherinsel über, wo das **Polnische Schifffahrtsmuseum** [c3] über Seefahrt sowie abenteuerliche Expeditionen auf und unter Wasser informiert. Am Kai davor liegt das **Museumsschiff** »Sołdek« (www. nmm.pl, Juli/Aug. tgl. 10–18, Febr. bis Juni, Sept.–Nov. Di–So 10–16, Dez./Jan. Di–So 10–15 Uhr, Schiff Nov.–Jan. geschl., Eintritt je 8/5 zł).

## Frauengasse  [c3]

Das Frauentor führt zur malerischen Frauengasse (ulica Mariacka). Die terrassenartigen Vorbauten der Häuser, sog. Beischläge, waren einst charakteristisches Merkmal der Ostseestädte. Im reichen Danzig sind sie ganz besonders kunstvoll gestaltet und auch ungewöhnlich breit. Nachdem die Beischläge ihre ursprüngliche Funktion als Eingänge in die zur Straße hin erweiterten Speicherkeller verloren hatten, dienten sie vor allem als Orte der Begegnung. In den Kellern etablierten sich in erster Linie Läden und Galerien. Viele Kneipen nutzen die Beischläge als Terrassen.

Wegen ihrer besonderen Atmosphäre zog Regisseur Franz Peter Wirth bei seiner Verfilmung von Thomas Manns Roman »Die Buddenbrooks« (1979) die Danziger Frauengasse als Drehort dem Lübecker Originalschauplatz vor.

## Die Marienkirche  [b3]

Ihre schlanken Ziertürme markieren das Ende der Frauengasse. Das Gotteshaus (Kościół Mariacki; 1342 bis 1502) beeindruckt nicht nur

Blick auf die Frauengasse

durch seine Ausmaße – immerhin ist es eine der größten erhaltenen mittelalterlichen Backsteinkirchen der Welt (105 m lang, 68 m breit, 29 m Gewölbehöhe) –, sondern vor allem durch die Strenge der Architektur. Blickfang im Innern sind die herrlichen Stern-, Netz- und Zellengewölbe.

Nur ein Teil der Originalausstattung hat den Krieg überdauert, darunter der **Hauptaltar** von Meister Michael aus Augsburg (16. Jh.), die **Danziger Schöne Madonna** (15. Jh.) in der St.-Annen-Kapelle auf der Nordseite, eine naturalistische spätgotische **Kreuzigungsszene** (1517) auf dem Triumphbogen sowie einige Grabmäler der Patrizier.

Das berühmte **Jüngste Gericht** (1471/73) von Hans Memling ist in einer der Kapellen nur als Kopie zu sehen (Original im Danziger Nationalmuseum, ul. Toruńska 1; Mai bis Aug. Di/Mi, Fr–So 10–17, Do 12 bis 19, Sept. Di–So 10–17, Okt.–April Di–Fr 9–16, Sa/So 10–17 www. mng.gda.pl, Eintritt 10/6 zł). Kaufleute aus der Toskana hatten das

Trotz der Zerstörungen 1945 ist die Marienkirche bis heute reich an sakralen Kunstschätzen

Triptychon bei dem niederländischen Maler bestellt. Während der Überfahrt nach Italien kaperten die Danziger 1473 das Schiff und brachten das Gemälde in die Kirche. Je nach politischer Konstellation wanderte es mit dem jeweiligen Sieger nach Paris, St. Petersburg und Warschau. Erst 1956 kehrte es nach Danzig zurück. **50 Dinge** ㉗ › **S. 15.**

Von der Skulptur des Gekreuzigten in der Kapelle der Elftausend Jungfrauen (1430; rechts im Chor) berichtet die Legende, dass der Meister eines Nachts den Freund seiner Tochter ans Kreuz genagelt haben soll, um ein möglichst naturalistisches Werk zu schaffen. Als ihm am Morgen bewusst wurde, was er getan hatte, erhängte er sich.

Der Schöpfer der astronomischen Wanduhr (nördliches Querschiff), Hans Düringen, wurde 1470 auf Befehl des Bürgermeisters geblendet, damit er den Wunsch der Lübecker nach einem vergleichbaren Meisterwerk nicht mehr erfüllen konnte.

Versäumen Sie zum Abschluss nicht, den Hauptturm der Kirche zu besteigen. **50 Dinge** ④ › **S. 12.**

### Großes Zeughaus ❶ [b3]

Westlich der Marienkirche, am Ende der ulica Piwna, steht das Große Zeughaus (Wielka Zbrojownia), das Anfang des 17. Jhs. vermutlich von Anthonis van Opbergen, dem Architekten des Hamlet-Schlosses Kronborg in Helsingør (Dänemark), errichtet wurde. Mit seinen hübschen mit Statuen und Türmchen verzierten Giebeldächern und Schmuckportalen ist das Zeughaus wohl das schönste Beispiel des flämischen Manierismus in Danzig.

### Nikolaikirche 🟠 [b3]

Ein lohnenswerter Abstecher führt zur Nikolaikirche (Kościół św. Mikołaja), einem gotischen Bau des Dominikanerordens. Trotz der Reformation gehörte die Kirche – anders als die meisten in Danzig – immer den Katholiken. Außerdem überstand die Nikolaikirche als einziges Gotteshaus in der Stadtmitte den Zweiten Weltkrieg unversehrt. Unter den eleganten Sterngewölben im dreischiffigen Sakralraum entzücken Hochaltar, Seitenaltäre, Orgelprospekt und Taufbecken in ihrer barocken Pracht aus Gold und Stuck.

### Die Altstadt (Stare Miasto)

Nördlich der Rechtstadt schließt sich die im Mittelalter vor den Toren Danzigs als Handwerkersiedlung entstandene Altstadt an. Hier wurden nach 1945 nur wenige Baudenkmäler rekonstruiert.

An der Grenze der Stadtteile bietet die 🟧 neogotische Markthalle 🟠 [b2] eine Abwechslung. Hier werden zahlreiche polnische Spezialitäten verkauft, von Räucherkäse und Aal über Krakauer Würste bis zu Süßigkeiten, wie den in Schokolade gehüllten Pflaumen, und allerlei Schnäpsen (Mo–Fr 9–18, Sa 9 bis 15 Uhr). **50 Dinge** ㊱ › **S. 16.**

Neben der Halle befinden sich die bunten Stände der Obst- und Gemüsehändler. **50 Dinge** ⑮ › **S. 13.**

### Katharinenkirche 🟠 [b2]

Ihr Erkennungszeichen ist der massive Turm mit den fünf barocken Haubenhelmen. Unter dem feinen Netzgewölbe im Innern der Katharinenkirche (Kościół św. Katarzyny) fand der Astronom **Jan Heweliusz** (1611–1687) seine letzte Ruhe. Hauptberuflich war er übrigens Bierbrauer; nach ihm wurde das »Heweliusz«-Bier benannt.

### Brigittenkirche 🟠 [b2]

In der jüngeren Geschichte spielte die nahe Brigittenkirche (Kościół św. Brygidy) eine wichtige Rolle. Zu ihrer Pfarrei gehört das Werftgelände, und so wurde sie in den 1980er-Jahren zum Zentrum der verbotenen Gewerkschaft Solidarność.

Die Kirche lohnt den Besuch wegen des reizvollen Kontrasts zwischen dem gotischen Netzgewölbe und der modernen Ausstattung, die an bewegende Momente der polnischen Geschichte erinnert. Der Hauptaltar im Chor ist dem Kampf der Werftarbeiter und der Solidarność für die Freiheit Polens gewidmet. Im Zentrum schwebt Maria mit dem Kind, aus Bernstein geschnitten, die 28 Rubine in ihrer Krone symbolisieren die gefallenen Werftarbeiter des Jahres 1970. Flankiert wird der Altar von Papst Johannes Paul II. und Primas Stefan Wyszyński, in Lebensgröße und in Bronze gegossen (tgl. 10–18 Uhr). **50 Dinge** ㉔ › **S. 14.**

## Europäisches Solidarność-Zentrum ⓞ

Ein viertelstündiger Spaziergang führt zum Tor der Danziger Werft mit dem eindrucksvollen **Denkmal** für die 1970 gefallenen Werftarbeiter. Als in der Danziger Leninwerft im August 1980 aus einer Streikbewegung heraus die Solidarność (Solidarität) entstand, war das der Anfang vom Ende des Kommunismus in Europa.

Daran erinnert auch das im August 2014 eröffnete Europejskie Centrum Solidarności, das hinter dem Denkmal aufragt. Seine Architektur zitiert rostige Schiffsrümpfe. Von der begrünten Dachterrasse des sechsstöckigen Gebäudes kann man verfolgen, wie auf dem einstigen Werftgelände nach und nach ein neues Stadtviertel, die »Hafencity«, entsteht. Die Dauerausstellung dokumentiert den historischen Umsturz in den 1980er-Jahren szenografisch mitreißend, begleitet von Mulitimediastationen, Audio- und TV-Ausschnitten (pl. Solidarności 1, Tel. 058/7 67 79 71, www.ecs.gda.pl, Mai–Sept. Mo–Fr 10–19, Sa/So bis 20, Okt.–April Mo, Mi–Fr 10–17, Sa/So bis 18 Uhr, Eintritt 20/15 zł). **50 Dinge** ㊲ › S. 16.

## Museum des Zweiten Weltkriegs ⓟ [d2]

Das 2017 eröffnete Muzeum II Wojni Światowje dokumentiert mit zahlreichen Originalexponaten die Schrecken des Krieges in Polen, Europa, China und Japan. Der Neubau knüpft durch die bunkerhafte Atmosphäre im Ausstellungsgeschoss tief unter der Erde und die wie ein Flakgeschütz darüber aufragende Architektur an die Geschichte an (pl. W. Bartoszewski 1, www.muzeum1939.pl, Di–So 10–19, Einlass bis 17 Uhr, Eintritt 23/16 zł).

### Info

**Touristeninformation**
- Brama Wyżynna
  ul. Wały Jagiellońskie 2a
  80-887 Gdańsk
  Tel. 058/7 32 01 70 41
  http://visitgdansk.com
  (hier auch Touristeninfo für die Region Pommern, http://pomorskie.travel)
- ul. Długi Targ 28/29
  80-830 Gdańsk
  Tel. 058/3 01 43 55
- weitere Filialen der Danziger Touristeninformation im Flughafen, Ankunftsterminal und im Hauptbahnhof (Fußgängertunnel)

Das Werftarbeiterdenkmal

# Schatzsuche am Ostseestrand

Seit jeher sind die Menschen von den funkelnden, honigfarbenen Steinen fasziniert, die vor allem während der Novemberstürme an die Strände der Ostsee gespült werden. Es handelt sich dabei um versteinertes Harz der Nadelbäume, die diesen Teil der Erde im Eozän, also vor 35 Mio. Jahren, bewaldeten. Heute ist Bernstein eines der beliebtesten Mitbringsel von einer Reise an die Ostsee.

## Bernsteinsammler an den Galgen!

Schon die alten Prußen wussten Bernstein in bare Münze umzusetzen: Sie verkauften ihn an Rom und ließen sich sein Gewicht in purem Gold auszahlen. Der nächste Landesherrscher, der Deutsche Orden, rief das Amt des Bernsteinmeisters ins Leben. Dieser beaufsichtigte das Sammeln von Bernstein. Auf eigenmächtiges Aufheben des kostbaren Rohstoffs stand die Todesstrafe, woran Galgen an den Stränden einprägsam gemahnten. Erst 1811 fiel das Bernsteinmonopol.

## Kaufen ist schön ...

Danzig ist seit Jahrhunderten das Zentrum der Bernsteinbearbeitung. Zwar schätzt man, dass der Großteil des Rohmaterials aus dem russischen Kaliningrad (Königsberg) – oft am Zoll vorbei – kommt, doch der Schönheit des Schmucks tut dies keinen Abbruch. Zu Ohrringen, Ketten, Ringen oder Broschen verarbeitet, glitzert der Bernstein in den Auslagen in der ul. Mariacka, am Mottlau-Kai und hinter der Marienkirche (ul. Szewska).

## ... selbst finden ist schöner

In Europa ist Bernstein vorwiegend an der südlichen Ostseeküste zu finden, vor allem in den östlicheren

Regionen (Samland und Frische Nehrung). Besonders während heftiger Stürme spült das Meer das kostbare Gut an Land. Nach solchen Stürmen füllt sich die Küste bereits in den frühen Morgenstunden mit Menschen, die die Algenhaufen durchwühlen. Doch Vorsicht ist geboten: Bernstein kann man leicht mit selbstentzündlichem Phosphor verwechseln. **50 Dinge** ⑤⓪ › S. 17.

## Echt oder falsch?

Auf keinen Fall sollte man Bernstein von fliegenden Händlern kaufen. Das Risiko, billigen Pressbernstein, aus vielen kleinen Bernsteinstückchen zusammengepresst, oder gar ein Plastikimitat zu erwischen, ist groß.

Eigene Bernsteinfunde kann man bei einem Juwelier prüfen lassen. Ansonsten gibt es ein paar Tricks um echten Bernstein zu erkennen: Klopft man mit dem Fundstück sanft gegen die Schneidezähne, so erzeugt Bernstein einen

Roher Bernstein, das Gold der Ostsee

dumpfen Ton. Etwas aufwendiger ist dagegen die Salzwassermethode: Bernstein schwimmt auf gesättigter Kochsalzlösung, Steine versinken. Bernstein ist so weich, dass er dem Druck einer Stecknadel nachgibt. Außerdem lädt er sich bei Reibung elektrisch auf.

Allerdings kann man mit diesen Methoden weder Press- noch Kunststoffbernstein aussortieren. Besser vertraut man daher beim Kauf einem anerkannten Juwelier mit IAA-Zertifikat.

## Im Bernsteinmuseum

Ein Besuch im Danziger **Bernstein-museum** zeigt deutlich, dass Bernstein in Farbgebungen von fast durchsichtigem Gelb bis hin zu Dunkelbraun vorkommt. Ebenso kann man erfahren, dass sein Wert nach der Klarheit und den Einschlüssen – in Bernstein versunkene Urtierchen, meist Insekten – geschätzt wird. Die Sammlung zeigt auch ❗ sehr schöne Beispiele der handwerklichen Verarbeitung von Bernstein (Muzeum Bursztynu, Targ Węglowy 26, 80-833 Gdańsk, Tel. 0 58/3 01 47 33, www.mhmg.pl, Di 10–13, Mi, Fr–Sa 10–16, Do 10 bis 18, So 11–16, Eintritt 12/6 zł).

## Bekannte Bernsteinläden in der Danziger Frauengasse:
- **Galeria S & A Bursztynowa Biżuteria** [c3]
  ul. Mariacka 36 | 80-833 Gdańsk
  www.s-a.pl
  **50 Dinge** ㉟ › S. 16
- **Galeria Wydra** [c3]
  ul. Mariacka 49 | 80-833 Gdańsk

## Hotels

**Dwór Oliwski** €€€

Nobles 4-Sterne-Hotel mit tollem Spa
und Wellnessangebot im Stadtteil Oliwa.

• Bytowska 4 | 80-328 Gdańsk
 Tel. 058/5 54 70 00
 www.dworoliwski.pl

**Fahrenheit** €€€  [c2]

Familiäres Boutiquehotel mit 3-Sterne-
Komfort in zentraler Lage.

• ul. Grodzka 19 | 80-841 Gdańsk
 Tel. 058/3 24 74 00 | www.fahrenheit.pl

**Hanza** €€€  [c3]

Luxushotel mit großen Zimmern direkt
neben dem Krantor.

• ul. Tokarska 6 | 80-888 Gdańsk
 Tel. 058/3 05 34 27 | www.hotelhanza.pl

**Królewski** €€€  [c2]

Das »königliche« Hotel in einem historischen Speicherhaus auf der Bleihofinsel.

• ul. Ołowianka 1 | 80-751 Gdańsk
 Tel. 058/3 26 11 11
 www.hotelkrolewski.pl

**Podewils** €€€  [d3]

Gegenüber dem Krantor gelegenes kleines Rokoko-Haus für gehobene Ansprüche. Mottlau-Blick. Gutes Restaurant.

• ul. Szafarnia 2 | 80-755 Gdańsk
 Tel. 058/3 00 95 60
 www.podewils.pl

**PURO** €€€  [c4]

Neues 4-Sterne-Hotel mit digital durch-
gestylten Zimmern (Tablet, Xbox, Play-
station) auf der Speicherinsel nicht weit
vom Grünen Tor.

• ul. Stągiewna 26
 80-895 Gdańsk | Tel. 058/5 63 50 00
 http://purohotel.pl

Straßenkünstlerin vor dem Goldenen Tor

**Ibis Stare Miasto** €€  [b1]

Günstiges Budgethotel in der Altstadt
nicht weit vom Hauptbahnhof, mit
Restaurant.

• ul. Jana Heweliusza 24
 80-890 Gdańsk
 Tel. 058/3 00 67 00
 www.accor.hotelscom

## Restaurants

**Pod Łososiem** €€€  [c3]

1598 gründete ein Holländer die Gast-
stätte »Zum Lachs« und erhielt das Pa-
tent für das Danziger Goldwasser, einen
Kräuterlikör mit darin schwimmenden
Blattgoldflocken. ❗ Ausgesuchte Fisch-
gerichte in stilvollem Ambiente.

• ul. Szeroka 54 | 80-835 Gdańsk
 Tel. 058/3 01 76 52
 www.podlososiem.com.pl

**Browar Piwna** €€

Polnische und kaschubische Gerichte,
wie Hering, Dorsch, Schweinenacken
und Rippchen, dazu selbstgebrautes
Bier und interessante Biercocktails.

Meisterwerk der Restauratorenkunst: der Lange Markt (Długi Targ) in Danzigs Rechtstadt

- ul. Piwna 50/51 | 80-835 Gdańsk
  Tel. 058/3 01 39 24
  www.browarpiwna.pl

**Goldwasser** €€ [c3]
Beste polnische Küche, z. B. hausgemachte Pierogi und Ente, und Danziger Traditionsliköre: »Goldwasser«, »Kurfürst« und »Machandel«. **50 Dinge** ⑬ › S. 13.
- ul. Długie Pobrzeże | 22 80-888 Gdańsk
  Tel. 058/3 01 88 78 | www.goldwasser.pl

**Restauracja Ritz** €€ [d3]
TV-Köchin Basia Ritz setzt am Jachthafen auf cooles Interieur und eine kreative Küche mit regionalen Produkten.
- ul. Szafarnia 6 | 80-755 Gdańsk
  Tel. 058/7 42 01 74
  www.restauracja-ritz.pl | Mo. geschl.
  **50 Dinge** ⑫ › S. 13.

**Targ Rybny** €€ [c2]
Maritimer Schick, ❗ Fisch und Meeresfrüchte immer frisch nach polnischen und internationalen Rezepten zubereitet, dazu exzellente Weinauswahl.
- Targ Rybny 6c | 80-835 Gdańsk
  Tel. 058/3 20 90 11 | www.targrybny.pl

**Bar Mleczny Turystyczny** € [b3]
Eine der klassischen Milchbars mit Selbstbedienung und typisch polnischen Gerichten, die bei Alt und Jung wegen ihrer günstigen Preise beliebt sind.
- ul. Szeroka 8/10 | 80-835 Gdańsk

**Rybka na Wartkiej** € [c2]
Das unkomplizierte Fish-and-Chips-Selbstbedienungsrestaurant bietet im Sommer herrliche Schattenplätze direkt an der Mottlau mit Blick auf die Klappbrücke.

**Żak** [a3]

Konzerte und DJ-Sessions, Kino, Theater und Performances in einem Neorenaissancegebäude unweit des Hauptbahnhofs.

• ul. Wały Jagiellońskie 1
www.klubzak.com.pl

### Shopping

• **Bernstein-Schmuck:** › Special S. 91
  **50 Dinge** (45) › S. 17.
• **Hala Targowa Gdańsk** [b2]:
  Die Danziger Markthalle beherbergt im Untergeschoss Bäcker, Fisch-, Fleisch- und Käsehändler › S. 89.
  Pl. Dominikanski 1 | 80-844 Gdańsk
  www.halatargowa.pl
  Mo–Fr 9–18, Sa 9–15 Uhr
• Größere Einkaufszentren sind das
  **Madison Park** [b1] am Rand der Altstadt (ul. Rajska 10) sowie die **Galeria Bałtycka** im Ortsteil Wrzeszcz (al. Grunwaldzka 141, www.galeriabalty cka.pl). Auch So 10–21 Uhr geöffnet.

# Ausflüge

## Zur Westerplatte

Von der Anlegestelle am Grünen Tor (Zielona Brama) fahren Ausflugsschiffe zur Halbinsel Westerplatte (im Sommer: 10–16 Uhr, alle 60 Min., Tel. 058/3 01 49 26, www. zegluga.pl, Fahrpreis 45/30 zł), sowie die kostengünstigere Wassertram, Linie F5, ab Targ Rybny (Juli bis Sept. mehrmals tgl. 9.50 bis 18.10 Uhr, sonst nur Sa/So; Fahrpreis 10 zł).

Zu Beginn des Zweiten Weltkriegs 1939 verteidigten 182 polnische Soldaten die Festung Westerplatte sieben Tage lang gegen die

• ul. Wartka 5 | 80-841 Gdańsk
  Tel. 058/5 26 27 43
  www.facebook.com/rybkanawartkiej

### Nightlife

**B90**

Legendärer Klub der alternativen Szene auf dem Werftgelände, mit vielen Livekonzerten.

• ul. Elektryków
  Ortsteil Stocznia
  www.b90.pl

**Baltische Philharmonie** [c2]

Musikliebhaber kommen hier auf ihre Kosten: Am Ufer der Mottlau gibt es hochkarätige Konzerte.

• ul. Ołowianka 1
  Tel. 058/7 3 20 62 62
  www.filharmonia.gda.pl

Übermacht der deutschen Angreifer. An dieses historische Ereignis erinnert sowohl ein monumentales Denkmal als auch die vom **Museum des Zweiten Weltkriegs** (www.muzeum1939.pl) konzipierte Freilichtausstellung – ▮ ein überaus interessanter Spaziergang über die Halbinsel.

## Zum Leuchtturm

Am Fährhafen (Nowy Port) erhebt sich gegenüber der Westerplatte der 1894 erbaute Leuchtturm von Danzig-Neufahrwasser (Latarnia Morska). 27 m hoch, war er seit seinem Bau im Jahr 1893 unbestritten einer der schönsten der Ostsee. Das seit 1984 stillgelegte Leuchtfeuer ist als Aussichtsturm zugänglich (ul. Przemyslowa 6 a, Mobiltel. 601/15 02 51, www.latarnia.gda.pl, Mai–Aug. tgl. 10–19, sonst Sa/So 10–17 Uhr, Eintritt 10/6 zł).

## Entlang der Lindenallee nach Oliwa [E1]

Herrlich ist die Fahrt nach Oliwa auf der Lindenallee (al. Grunwaldzka/Zwycięstwa), die gegen Ende des 18. Jhs. angelegt wurde. Nach einigen Kilometern erreichen Sie den 1926 eingemeindeten Stadtteil **Oliwa** (Oliva), bekannt wegen der 1188 gegründeten Zisterzienserabtei.

Wie bei allen Klöstern des Ordens wählten die Mönche auch hier einen idyllischen Ort in einem grünen Tal. Berühmt ist die **Klosterkirche,** seit 1925 Kathedrale. Die Pfeiler des Hauptschiffs und die Außenwände des Querschiffs zeugen noch von der romanischen Bauphase. Sein heutiges Aussehen verdankt das Gotteshaus vorwiegend dem gotischen Umbau; sehr kunstvoll ist das spätgotische Sterngewölbe des Hauptschiffs. Aus dem Barock stammen die hohe Fassade, flankiert von zwei Türmen, und ein Großteil der Innenausstattung. Die Hauptattraktion bildet die berühmte Orgel mit 7876 Pfeifen, 1763 bis 1788 vom Mönch Johann Wulf aus Wormditt gebaut (Orgelkonzerte Juli/Aug. Di und Fr 20 Uhr).

In unmittelbarer Nachbarschaft zur Kathedrale lädt Oliwas Park zu einem Spaziergang für Kulturinteressierte ein: Der barocke **Äbtepalast**

**SEITENBLICK**

### Dominikanermarkt

Jedes Jahr im August wird die Rechtstadt zu einem einzigen großen Jahrmarkt. Bis ins Mittelalter geht die Tradition des Dominikanermarktes (Jarmark Dominikański) zurück. Imbissbuden und Biergärten, Straßentheater und Musik – die Rechtstadt wird zum Tummelplatz von Einheimischen und Touristen. ▮ Unter Kennern wie Freunden schöner Dinge geschätzt sind die Antiquitätenstände, auch wenn es mittlerweile schwierig geworden ist, unter viel Kitsch und Trödel eine wirkliche Rarität oder Kostbarkeit zu entdecken. Sollten Sie tatsächlich fündig werden, müssen Sie bedenken, dass man für alle vor 1945 hergestellten Gegenstände eine Ausfuhrgenehmigung benötigt.

beherbergt eine Sammlung moderner Kunst, und im alten Getreidespeicher ist die ethnografische Ausstellung des Nationalmuseums untergebracht (ul. Cystersów 18 bzw. 19, www.muzeum.narodowe.gda.pl; Mai–Aug. Di/Mi, Fr–So 10 bis 17, Do 12–19, Sept. Di–So 10 bis 17, sonst Di–Fr 9–16, Sa/So 10 bis 17 Uhr, Eintritt 10/6 bzw. 8/4 zł).

# Unterwegs in Danzigs Umgebung

Das Seebad Sopot und die Hafenstadt Gdynia bilden zusammen mit Danzig die sog. Dreistadt (Trójmiasto) und haben einiges zu bieten.

## Sopot (Zoppot) 11 [E1]

Ein paar Kilometer nördlich von Oliwa, direkt an der Küste, liegt Sopot (37 000 Einw.). Jean George Haffner, Arzt in Napoleons Armee, eröffnete hier im Jahr 1808 eine Badeanstalt. Heute ist Sopot neben Kołobrzeg das beliebteste Seebad des Landes. Bei Einwohnern und Touristen gleichermaßen beliebt ist ein Bummel auf der Flaniermeile **Bohaterów Monte Cassino,** kurz Monciak genannt. Am Krummen Haus, an Geschäften und Restaurants vorbei führt sie hinunter zu den Kuranlagen am Meer. **!** Ein Gang über die Mole, die 511 m lange Seebrücke, gehört zu jedem Besuch der Stadt, obwohl sie durch den Bau einer Marina an ihrem Ende viel vom einstigen Charme eingebüßt hat und im Sommer inzwischen Eintritt (8/4 zł) kassiert wird. Dennoch genießen am Abend Liebespaare auf der hölzernen Promenade gern den Sonnenuntergang, nur gestört von den kreischenden Möwen. Freitag und Samstag treffen sich am Strand außerdem all jene, die entweder ins Nachtleben von Sopot weiterziehen oder gleich hier Party machen. Treffpunkt von Berühmtheiten aus aller Welt war einst das **Grand Hotel** direkt an der Mole, das unter Denkmalschutz steht. Inzwischen macht ihm der Nachbar **Sheraton** Konkurrenz durch das angeschlossene Kurhaus mit Trinkhalle und einem Wellnesscenter.

Fischerboot am Strand von Sopot

## Info

**Touristinformation**
- pl. Zdrojowy 2 | 81-720 Sopot
  Tel. 058/5 50 37 83 | www.sts.sopot.pl

## Hotels

**Sofitel Grand Sopot** €€€
Feines Strandhotel von 1927, stilvolles Interieur. Mit Meer- oder Parkblick.
- ul. Powstańców Warszawy 12/14
  81-718 Sopot
  Tel. 058/5 20 60 00
  www.accorhotels.com

**Hotel Sheraton** €€€
5-Sterne-Haus direkt an der Seebrücke *(molo)* mit Meerblick, exquisitem Wellness- und Spabereich
- ul. Powstańców Warszawy 10
  81-718 Sopot
  Tel. 058/7 67 10 00
  www.sheraton.pl/sopot

## Restaurant

**Przystań** €€
Am südlichen Strandabschnitt gibt es stets frischen Fisch. **!** Man sucht sich den Fisch in der Vitrine aus und wartet, bis die Nummer ausgerufen wird. Gute Stimmung!
- ul. Wojska Polskiego 11
  81-769 Sopot
  Tel. 058/5 55 06 61
  www.barprzystan.pl

# Gdynia (Gdingen) 12 [E1]

Das Fischerdorf des 13. Jhs. wurde in den 1920er- und 1930er-Jahren zu einer modernen Hafenstadt ausgebaut. Zur funktionalistischen Architektur jener Jahre gehört auch das Fährterminal am Franzosenkai, das mit dem neuen, szenografisch

**SEITENBLICK**

### Die Kaschuben

Die slawische, 200 000 Menschen zählende Volksgruppe lebt zwischen zahlreichen Hügeln, tiefen Seen, dichten Wäldern und entlang der Ostsee – zwischen Starogard Gdański im Süden, Bytów im Westen und der Küstenlinie von Gdynia bis Karwia im Norden. Anna Koljaiczek, die Großmutter von Oskar Matzerath, dem Romanhelden aus der Blechtrommel (1959) von Günter Grass, brachte es auf den Punkt: »Wenn man Kaschub is, das raicht weder de Deitschen noch de Pollacken. De wollen es immer genau haben.« Grass, selbst Kaschube, der seinen Worten nach das Kaschubische verlernt hat, setzte der Volksgruppe mit der »Danziger Trilogie« ––– neben der »Blechtrommel« »Katz und Maus« (1961) sowie »Hundejahre« (1963) ––– ein literarisches Denkmal.

Die Deutschen wollten die Kaschuben germanisieren, die Polen, die im Kaschubischen lediglich eine Mundart des Polnischen sehen, wollten sie polonisieren. Obwohl man heute an der Universität Danzig Kaschubistik lehrt und sich Kaschubisch inzwischen an einigen Grundschulen als Unterrichtssprache etabliert hat, ist es vielleicht schon zu spät. Was bleibt, sind eine wunderschöne Landschaft und interessante Kulturgüter: Holzarchitektur, Stickerei und Keramik sowie eine eigentümliche Musik und Erzähltradition konnten sich bis heute erhalten.

konzipierten Emigrationsmuseum begeistert. Es widmet sich den zahlreichen Polen, die in alle Welt auswanderten, um Elend, Hunger, Fremdherrschaft und politischer Verfolgung zu entkommen (Muzeum Emigracji, ul. polska 1, www.polska1.pl, Di 12–20, Mi–So 10 bis 18 Uhr, Eintritt 10/6 zł). Gdynias Stadtgeschichte präsentiert das **Muzeum Miasta Gdyni** äußerst unterhaltsam (ul. Zawiszy Czarnego 1, www.muzeumgdynia.pl, Di/Mi, Fr 10–18, Do 12–20, Sa/So 10 bis 17 Uhr). Die Museumsschiffe **Dar Pomorza**, ein schnittiger Dreimastsegler, und **Blyskawica,** ein Zerstörer der polnischen Marine, sowie das **Aquarium** › **Special S. 26** am Pommernkai (Nabrzeże Pomorskie) ziehen besonders Familien mit Kinder an, die am angrenzenden Strand einen tollen Spielplatz vorfinden. Die lange Uferpromenade gehört vor allem bei gutem Wetter den Spaziergängern, Radfahrern und Skatern. **50 Dinge** ⑥ › **S. 12.**

Museumsschiff Dar Pomorza

### Info

**Touristeninformation**
• ul. 10 Lutego 24 | 81-364 Gdynia
  Tel. 058/6 22 37 66
  www.gdyniaturystyczna.pl

### Restaurants

**Barracuda** €€
Fischrestaurant und -imbiss am Ende der Uferpromenade, mit Ostseeblick.
• Bulwar Nadmorski
  im. Feliksa Nowowiejskiego 10
  81-980 Gdynia
  Tel. 058/6 20 80 00
  www.barracuda.net.pl

**Café Skwerek** €
Guter Kuchen und hervorragendes Eis.
**50 Dinge** ㉒ › **S. 14.**
• Skwer Kościuszki (Ecke Park Rady Europy)
  81-345 Gdynia
  www.skwerekcafe.pl

# Kaschubische Schweiz ⭐

## Żukowo (Zuckau) **13** [E2]

Das Dorf ist das Eingangstor zu Kaschubien. Seine Klosterkirche erinnert an die Prämonstratenserinnen, die sich bereits im Jahr 1212 hier ansiedelten. Einige meinen, dass die Nonnen den Einwohnern die traditionelle Kunst der Stickerei beigebracht hätten. Die häufigsten Stickmotive sind Tulpen, Margeriten und Herzen, immer in denselben sieben Farben gearbeitet.

## Kartuzy (Karthaus) 14 [E2]

Die wichtigste Stadt (15000 Einw.) in Kaschubien leitet ihren Namen von dem seit 1380 hier ansässigen Kartäuserorden her, dessen **Klosterkirche** (erbaut 1381–1403) mit dem doppelt geschwungenen Mansardendach (18. Jh.) die Hauptsehenswürdigkeit des Ortes ist – das Dach ist angeblich einem Sargdeckel nachempfunden. Im Innern sind das barocke Chorgestühl (um 1675) mit feinster Schnitzarbeit und der Altaraufsatz von 1444 (in der Seitenkapelle, Kaplica Najświętszej Marii Panny) sowie das Uhrenpendel über dem Hauptportal sehenswert (Schlüssel im Haus am Friedhof). **50 Dinge** 26 › S. 15.

Das **Kaschubische Museum** gibt einen guten Überblick über die Volkskunst der Region (Muzeum Kaszubskie, ul. Kościerska 1, www.muzeum-kaszubskie.pl, Mai–Sept. Di–Fr 8–16, Sa 8–15, So 10–14, sonst Di–Fr 8–16, Sa 8–15 Uhr, Eintritt 10/6 zł). Ende Juli organisiert das Museum den ❗ Jarmark Kaszubski, ein großes Fest mit Volksmusik und -tanz.

### Hotel

**Pod Orlem** €€€
Kleines, verkehrsgünstig gelegenes 3-Sterne-Hotel mit gutem Restaurant.
• ul. 3 Maja 10 | 83-300 Kartuzy
 Tel. 058/7 36 66 01
 www.hotel-podorlem.com

## Szymbark (Schönberg) 15 [E2]

Eine ungewöhnliche Art von Volkskunst lernt man auf halbem Weg zwischen Kartuzy und Kościerzyna kennen: Im **Bildungszentrum der Region** steht nicht nur der längste aus einer Holzplanke gefertigte Tisch – fast 37 m, wie das Guinnessbuch der Rekorde bestätigt –, sondern auch ein Haus auf dem Kopf! Als Tür dient ein Fenster, man spaziert auf

Das Bildungszentrum in Szymbark ermutigt zum Perspektivenwechsel

der Decke und über dem Kopf der Besucher hängen die Möbel (Centrum Edukacji i Promocji Regionu, ul. Szymbarskich Zakładników 12, Tel. 058/6 84 69 33, www.cepr.pl, Mai–Mitte Sept. Mo–Sa 9–19, So 10 bis 19, sonst bis 16 Uhr, Eintritt 20/ 15 zł).

## Chmielno 16 [D2]

Die schönsten Dörfer Kaschubiens liegen dicht beieinander: **Chmielno, Brodnica** und **Ostrzyce** – alle in einer traumhaften Landschaft. Chmielno ist das Zentrum der kaschubischen Töpferei. Ein kleines **Töpfermuseum** zeigt typische Krüge, Töpfe und Vasen (Muzeum Ceramiki, ul. Gryfa Pomorskiego 65, www.necel.pl, Mo bis Sa 9–18 Uhr, Eintritt 6 zł).

### Restaurant

**U Czorlińsciego** €€
Gute kaschubische Küche und Terrasse mit Blick auf die Seen von Chmielno.
• ul. Gryfa Pomorskiego 63
  83-333 Chmielno

## Wdzydze Kiszewskie 17 [D2]

17 km südlich von Kościerzyna liegt das Dorf Wdzydze Kiszewskie malerisch am gleichnamigen See. Das **Kaschubische Freilichtmuseum** vereint Wind- und Ölmühlen, Bauernhöfe und ein Sägewerk. Im Juli gibt ein Festival Gelegenheit, den Töpfern, Zimmerleuten und Müllern bei der Arbeit über die Schulter zu schauen, kaschubische Spezialitäten zu kosten und schöne Orgelkonzerte in einer Holzkirche zu genießen (Kaszubski Park Etnograficzny, Tel.

058/6 86 11 30, www.muzeum-wdzydze.gda.pl, Juli–Sept. Di–So 10–18, Mai/Juni Di–Fr 9–16, Sa/So 10–18, April, Okt. Di–So 9–16, sonst Mo bis Fr 10–15, Eintritt 16/11 zł).

### Hotel

**Pod Niedźwiadek** €€
Das am Zusammenfluss zweier Seen gelegene Hotel ist ein guter Standort für Ausflüge in die Umgebung. Mit Spa, eigenem Badestrand und Bootsanleger.
• ul. Stolema 2
  83-406 Wdzydze
  Tel. 058/6 86 13 13
  www.hotelniedzwiadek.pl

## Bytów (Bütow) 18 [D2]

Am Westrand Kaschubiens liegt die vom Deutschen Orden gegründete Stadt (16 000 Einw.). Von dieser Zeit kündet die mächtige **Burg** mit dem Westkaschubischen Museum (Muzeum Zachodniokaszubskie) und dem Hotel W Zamku.

Die Burg gehört zu den jüngsten und modernsten Wehranlagen des Ordens. Zu Beginn des 15. Jhs. errichtet, war sie eine Garnison für Söldner und Vogtsitz. Im Unterschied zu den älteren Klosterburgen gibt es hier einen weiten, unbebauten Hof und massive Ecktürme, die bereits auf die Verwendung von Feuerwaffen eingerichtet waren.

### Hotel

**W Zamku** €€
❗ Modernes Ambiente in der historischen Deutschordensburg.
• ul. Zamkowa | 77-100 Bytów
  Tel. 059/8 22 20 94
  www.hotelwzamku.pl

# AN DER UNTEREN WEICHSEL

**Kleine Inspiration**

- **Dem würzigen Lebkuchengeruch nachgehen** in der Thorner Altstadt › S. 113
- **Vom Ritterdasein träumen** auf der Deutschordensburg Golub-Dobrzyń › S. 113
- **Den Blick staunend über die Weite Weichsel schweifen lassen** vom Flussufer in Grudziądz aus › S. 114

**In Thorn bezaubert das Flair des Mittelalters. Und die imposante Marienburg versetzt einen in die Zeit der Deutschordensritter, die das Land einst beherrscht und geprägt haben.**

**Thorn** ist neben Krakau die einzige größere Stadt Polens, die den Zweiten Weltkrieg weitgehend unversehrt überstanden hat. Und so gehört Thorns Altstadt seit 1977 zum UNESCO-Weltkulturerbe.

Ein weiterer Ort, der das begehrte Prädikat erhielt, ist die **Marienburg** (Malbork). Im 14./15. Jh. war die Burg Hauptsitz des deutschen Ordens. In den Abendstunden meint man, vor der imposanten Burgsilhouette das Bild von sagenhaften Rittergestalten in weißen Umhängen mit schwarzen Kreuzen aufsteigen zu sehen: das Bild der Deutsch-

ordensritter, der ebenso idealisierten wie verdammten einstigen Herren des Landes.

Doch viele Völker prägten den unteren Weichsellauf – heidnische Prußen, Deutsche und Polen. Allein die Holländer, die das Weichselwerder dem Meer abrangen, erhoben keine politischen Ansprüche. Sie brachten das Know-how zum Bau von Deichen und Wällen mit, errichteten Windmühlen und formten die Landschaft. Das Flussdelta mit unzähligen Nebenarmen, Deichen und Kanälen erinnert bis heute an die Heimat der Siedler.

# Touren in der Region

 **Tour 8**

## Festungsstädte an der Weichsel

**Route:** Tczew › Malbork › Kwidzyn › Grudziądz (› Radzyń Chełmiński) › Chełmno › Thorn

**Karte:** Seite 105
**Länge:** 200 km (mit Abstecher nach Radzyń Chełmiński 240 km)

Die Marienburg ist die größte Backstein-festung der Welt

**Praktische Hinweise:**
- Die Besichtigung der Marienburg dauert mindestens einen halben Tag. So kommt man nicht umhin, unterwegs zu übernachten. Vom westlichen Ufer der Nogat im Licht der untergehenden Sonne sieht die Festung am besten aus!
- Unterkünfte gibt es in Kwidzyn und Thorn, für das man mindestens einen vollen Tag einplanen sollte.
- Von Thorn kommt man ebenso schnell nach Olsztyn wie in die polnische Hauptstadt Warschau.

## Tour-Start:

Längst ist der Ordensstaat untergegangen, doch seine Backsteinburgen sind bis heute ein beeindruckendes Zeugnis der einstigen Macht. Sie wurden an strategischer Stelle errichtet, sicherten die Grenze ab und waren zugleich Regierungszentralen. Nach 1945 wurden sie restauriert und können besichtigt werden. Die schönste ist die Marienburg, UNESCO-Weltkulturerbe genauso wie der Endpunkt dieser Tour, Thorn.

In **Tczew** 🔟 › S. 119 queren Sie die fast kilometerbreite Weichselniederung auf einer gewaltigen Eisenbrücke, die Ende des 19. Jhs. die längste Europas war. Kurz darauf ist **Malbork** 9 › S. 116 erreicht. Die Marienburg, der einstige Hauptsitz der Ordensritter, beeindruckt aufgrund seiner Größe und Eleganz.

Wer Malbork gesehen hat, fährt an Sztum, 14 km weiter südlich, meist achtlos vorbei. Seine Ordensburg wurde über fünfeckigem Grundriss errichtet und dient inzwischen als Kulturzentrum. Bedeutend imposanter ist die Bischofsburg von **Kwidzyn** 7 › S. 115, die sich am Weichselhochufer erhebt. Gerne mehr Zeit möchte man in **Grudziądz** 5 › S. 114 verbringen: Die Stadt an der Weichsel lockt zu einem Spaziergang durch die weiten Uferwiesen vor der imposanten Kulisse der mittelalterlichen Backsteinspeicher.

Die Route führt weiter auf der Straße 55 nach **Chełmno** 3 › S. 113, das malerisch über der Weichsel thront. Fünf Kirchen, schmale Bürgerhäuser und ein Festungswall trugen ihm den Beinamen »polnisches Carcassonne« ein.

Auf der südostwärts führenden E 74 ist **Toruń** (Thorn) 1 › S. 106 schnell erreicht; schöner freilich ist es, auf stillen Nebenstraßen noch ein Stück weiter der Weichsel zu folgen, bevor es via Bydgoszcz nach Thorn geht.

# Radtour zum Heiligen Hain

> **Route: Żuławka Sztumska › Jasna › Bągart › Święty Gaj › Cholin**
>
> **Karte:** Seite 105
> **Länge:** 33 km (hin und zurück)
> **Praktische Hinweise:**
> - Da es keine Leihstation gibt, ist man auf das eigene Rad angewiesen. Doch die Tour ist auch mit einem Auto machbar, wobei man die letzten 2 km dann aber zu Fuß zurücklegen muss.
> - Zum Startpunkt der Tour in Żuławka Sztumska kommt man entweder ab Elbląg oder ab Malbork via Dzierzgon (je ca. 34 km).

## Tour-Start:

Der böhmische Bischof Adalbert (Św. Wojciech), später heiliggesprochen und zu Polens Patron erhoben, predigte den baltischen Heiden bereits im Jahr 997. Die hier vorgestellte Radtour folgt den Spuren seiner letzten Missionsreise.

Von Żuławka Sztumska mit seiner aufpolierten gotischen Kirche folgt man der Straße über Stalewo in das im 13. Jh. von den Ordensrittern gegründete Städtchen Jasna. Dann geht es ostwärts nach Bągart, wo sich ein schönes Panorama bietet: Im Vordergrund sieht man den Druznosee, dahinter die Häuser und Kirchtürme von Elbląg und am Horizont die Elbinger Höhen. Bei klarer Sicht kann man sogar die Frische Nehrung erkennen!

Das nächste Dorf ist Święty Gaj (Heiliger Hain), das mit einer neogotischen Kirche und einer Pilger-

herberge (Dom Pielgrzyma) aufwartet. Am Nordrand des Dorfs, wo Bischof Adalbert 997 wahrscheinlich seine letzte Messe las, wurde ein Pilgeraltar errichtet. 1000 Jahre später wurde Święty Gaj von der katholischen Kirche zum Wallfahrtsort erklärt. Zum Gedenktag des hl. Adalbert anlässlich seines Todes am 23. April pilgern Tausende hierher, um Polens Schutzpatron zu ehren.

Romantisch ist die Fortsetzung der Tour über einen am Waldrand verlaufenden Feldweg nach **Cholin,**

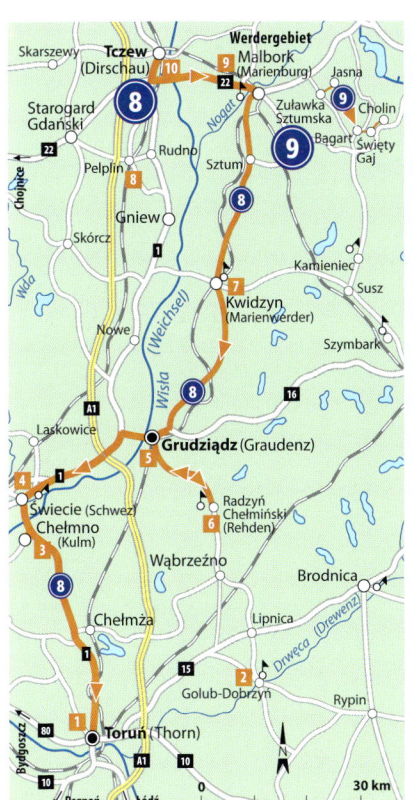

## Touren an der unteren Weichsel

### Tour **8**

**Festungsstädte an der Weichsel**

Tczew › Malbork › Kwidzyn › Grudziądz (› Radzyń Chełmiński) › Chełmno › Toruń

### Tour **9**

**Radtour zum Heiligen Hain**

Żuławka Sztumska › Jasna › Bągart › Święty Gaj › Cholin

zu einem prußischen Burghügel. Die »Burg« aus dem 11. Jh. war angeblich der Ort, an dem Bischof Adalbert hingerichtet wurde. Zurück geht es auf der vom Hinweg bekannten Strecke.

**Verkehrsmittel**

Per Zug kommt man von Thorn über die Städte Grudziądz, Kwidzyn und Sztum nach Malbork und von dort schnell nach Danzig. Parallel dazu gibt es gute Busverbindungen.

# Unterwegs an der Weichsel

## Toruń (Thorn) **1** [E4]

Die mittelalterliche Weichselstadt Thorn (203 000 Einw.) schließt man auf den ersten Blick ins Herz. Die Cafés und Restaurants der Altstadt sind Tag und Nacht von Studenten bevölkert, die diskutieren, lernen und sich amüsieren. Und beim Streifzug durch die engen Gassen werden Sie so manche bezaubernde Ecke entdecken. Die Hauptsehenswürdigkeiten sind bequem zu Fuß erreichbar.

### Rathaus **A** **5**

Den Marktplatz (Rynek Staromiejski) beherrscht der gewaltige mittelalterliche Backsteinbau des Rathauses. Gegen Ende des 14. Jhs. wurden verschiedene ältere Gebäude, darunter die Tuchhallen, nach flämischen Vorbildern (Ypern) zur heutigen Vierflügelanlage erweitert – weder in Polen noch in Deutschland gibt es Vergleichbares. Wer den Turm besteigt, wird mit einer reizvollen Aussicht auf das Dächermeer und die Weichsel belohnt. Im Innern behielt das Erdgeschoss seinen gotischen Charakter, die Säle des Hauptgeschosses stammen aus dem 16. und 17. Jh. Hier zeigt das **Bezirksmuseum** seine Sammlung zu Stadtgeschichte und Kunsthandwerk des 13.–18. Jhs., gotische Kunst und Porträts aus dem 16.–18. Jh., darunter das bekannteste Kopernikusbildnis (16. Jh.; anonym), sowie polnische Malerei des 18.–20. Jhs. (www.muzeum.torun.pl, Mai–Sept. Di–So 10–18, sonst bis 16 Uhr, Eintritt 23/9 zł; Turm: Mai–Sept. 10 bis 20, April, Okt. bis 18, sonst bis 16 Uhr, Eintritt 13/10 zł).

Neben dem Rathaus ist **Nikolaus Kopernikus,** dem wohl berühmtesten Sohn der Stadt (1473–1543), ein Denkmal gewidmet. Die lateinische Inschrift besagt, dass der Astronom, der hier ein Astrolabium (Sternenhöhenmessgerät) in seinen Händen hält, die Sonne zum Stillstand gebracht und die Erde in Bewegung gesetzt habe › **Seitenblick S. 128.** An einen Helden ganz anderer Art erinnert das Denkmal an der Südwestecke des Platzes: Der Flößer soll die Stadt von einer Froschplage befreit haben, indem er die Tierchen mit dem Klang seiner Geige aus der Stadt lockte.

Blick über den Marktplatz und die Dächer von Thorn

## Haus unter dem Stern B

Besonders prächtig ist die Fassade des **Hauses unter dem Stern** (Dom pod Gwiazdą, Rynek 35). Blumen- und Fruchtornamente umranken Fenster und Giebel. Sie sind ebenso Ergebnis der barocken Umgestaltung wie die hervorragend erhaltenen Innenräume, in denen heute die Sammlung fernöstlicher Kunst des Bezirksmuseums zu Hause ist – die dickbäuchigen, lachenden Buddhas entführen den Besucher in eine andere Welt, weit weg von Backsteinkirchen und Ordensburgen (www.muzeum.torun.pl, Mai bis Sept. Di–So 10–18, sonst bis 16 Uhr, Eintritt 10/7 zł).

## Marienkirche C

Nordwestlich des Marktes steht die Marienkirche (Kościół Najświętszej Marii Panny; 14. Jh.), die den Ordensregeln der Franziskaner entsprechend keinen Turm hat. Der durch seine betont schmalen Seitenschiffe überaus hoch wirkende Hallenraum (27 m) trägt an der Südwand schöne Wandmalereien mit auffallend lang gestreckten Heiligenfiguren. Besonders kunstvoll gearbeitet ist das Chorgestühl. Der Hauptaltar setzt in seiner Üppigkeit einen barocken Akzent in dem Backsteinbau. In einer Kapelle am Chor ruht Anna Wasa: Die Schwester des polnischen Königs Sigismund III. Wasa liegt, in Stein gehauen, kostbar bekleidet und die Hände zum Gebet gefaltet, auf ihrem Grab.

## Johanniskirche D

Diese Kirche (Kościół śś. Janów) erhebt sich südöstlich des Marktes und ist an ihrem massiven Turm und ihren drei charakteristischen Dächern zu erkennen. Die breite Hallenkirche vereint im Innern Zeugnisse mehrerer Stilepochen. Die verblassten spätgotischen Fresken sind original erhalten. Die im

Kopernikusdenkmal vor dem Rathaus von Thorn

Krieg verschollene **Schöne Madonna** (Kopie links in der Apsis) sowie eine **Konsole,** unter der Moses mit den Gesetzestafeln steht, sind das Werk eines unbekannten süddeutschen oder böhmischen Künstlers. In der ersten Kapelle rechts soll Kopernikus getauft worden sein; eine Gedenktafel mit Bild erinnert daran.

**SEITENBLICK**

### Festival im Mai

Im Mai verwandelt sich Thorn in eine einzige große Bühne: Das internationale Theaterfestival »Kontakt« in geraden Jahren und das nationale Nachwuchsfestival »Pierwszy Kontakt« in ungeraden Jahren liefern einen Überblick über die europäische Szene (Programm und Tickets in der Touristeninformation › S. 111).

## Kopernikus-Museum ⓔ

In der Altstadt haben sich etwa 200 unter Denkmalschutz stehende Bürgerhäuser erhalten, meist mit vorgeblendeten barocken oder klassizistischen Fassaden. Zwei Häuser (ul. Kopernika Nr. 15, 17) wurden im gotischen Baustil rekonstruiert. Sie beherbergen das sehenswerte Kopernikus-Museum. Vermutlich kam der Astronom 1473 hier, in der einstigen St.-Annen-Straße, zur Welt (Muzeum Kopernika, ul. Kopernika 15/7, bis voraussichtl. Juni 2018 wegen Renovierung geschl.).

## Schiefer Turm von Thorn ⓕ

Ein Überrest der ehemaligen Stadtmauer ist der Schiefe Turm (Krzywa Wieża). Der Bau, der sich wegen der Bodenverhältnisse etwa 2 m weit nach vorne geneigt hat, stammt aus dem 13. Jh. und diente u. a. als Frauengefängnis. **50 Dinge** ㉜ › S. 15.

## Deutschordensburg ⑥

Entlang der Weichsel geht es zur Neustadt, vorbei an drei Stadttoren und Überresten der alten Stadtmauern: **Nonnen-** bzw. **Hl.-Geist-Tor** (Brama Klasztorna), **Seglertor** (Brama Żeglarska) und **Brückentor** (Brama Mostowa).

Bald darauf gelangt man zu den Ruinen der Deutschordensburg (Zamek Krzyżacki). Die Burg aus dem 13./14. Jh. wurde im Gegensatz zu den meisten Deutschordensburgen auf einem unregelmäßigen halbovalen Grundriss errichtet. Mit dem Sturm der Feste durch die Thorner Bürger begann 1454 der Dreizehn-

jährige Krieg. Die Festungsmauern wurden anschließend größtenteils abgetragen. Erhalten blieb nur der Dansker (nach 1300), der Abortturm, der über einen Arkadengang mit dem Haupthaus verbunden war.

## Jakobikirche ⑧

Die Neustadt (Nowe Miasto) östlich der Ordensburg war von 1264 bis 1454 eine selbstständige Stadt – hier besaß der Deutsche Orden größeren Einfluss als in der Altstadt. Ihre Hauptkirche, die Jakobikirche (Kościół św. Jakuba), liegt nahe dem **Neustädter Markt** (Rynek Nowego Miasta). Anders als die meisten Kirchen im Ordensland ist sie keine Hallenkirche, sondern eine Basilika, d. h. das Hauptschiff ist höher als die Seitenschiffe und wird durch

---

**SEITENBLICK**

### Ordensritter, Hanse und Studenten

Nur drei Jahre nach ihrer Ankunft im Norden Europas, 1233, gründeten die Deutschordensritter Thorn, das sie an ihren Besitz Toron in Palästina erinnern sollte. Als Mitglied der Hanse stieg Thorn neben Danzig zur bedeutendsten Stadt Preußens auf, blieb aber wirtschaftlich und politisch vom Deutschen Orden abhängig. Dieser Situation überdrüssig, revoltierten die Thorner Patrizier gegen den Orden und unterstellten ihre Stadt dem polnischen König, der im Gegenzug Thorn 1454 das Münzrecht verlieh.

Im Unterschied zu Danzig büßte das protestantische Thorn zusammen mit ganz Westpreußen 1569 seine Autonomie ein. Es wurde polonisiert und katholisiert, was zu Konflikten führte, die 1724 im sogenannten Thorner Blutsonntag gipfelten: Vierzehn Ratsherren und der Bürgermeister wurden hingerichtet. Nach der Zweiten Polnischen Teilung (1793) gehörte Thorn bis zum Ende des Ersten Weltkriegs zu Preußen.

Nach der Besetzung der Stadt 1939 setzten die Nationalsozialisten auch hier ihre Politik, die die Liquidierung der Führungselite zum Ziel hatte, um. In den Wäldern um Thorn und Bydgoszcz (Bromberg) wurden Tausende von Polen ermordet. Mit der Gründung der Universität 1945 zog das intellektuelle Leben wieder in die Stadt ein; die Fakultät für Restauratoren ist heute weltberühmt.

Fensterreihen von oben beleuchtet. Die eindrucksvolle Kirche (14. Jh.) besitzt eines der ältesten Sterngewölbe Europas.

Im eleganten Chor sind zahlreiche glasierte Backsteine, ein wichtiges Gestaltungsmittel der hiesigen gotischen Architektur, eingearbeitet. Seltenheitswert hat der mittelalterliche Buchstabenfries um das Hauptportal sowie jener im Innenraum des Chores. An einigen Stellen sind noch gotische Fresken erhalten geblieben, darunter eine Darstellung des Jüngstens Gerichts gleich rechts vom Eingang.

## Museum des Thorner Lebkuchens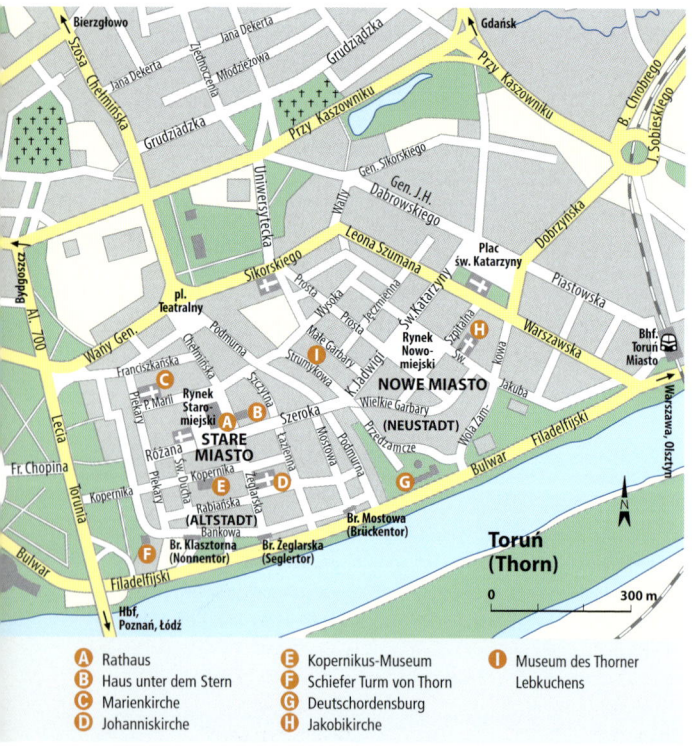

Endlich hat die Stadt der Thorner Kathrinchen ein tolles, interaktives Lebkuchenmuseum. In den Backsteinbauten der ehemaligen Lebkuchenfabrik Weese aus dem 19. Jh. erfährt man alles über Zutaten, Herstellung und Verbreitung der würzigen Honigkuchen. Wer dabei Appetit bekommt, kehrt im Museumscafé ein (Muzeum Toruńskiego Piernika, ul. Strumykowa 4, www.muzeum. torun.pl, Mai–Juni Mo–So 10–18, Juli–Sept. Di–So 10–18, sonst Di bis So 10–16 Uhr, Eintritt 13/9 zł).

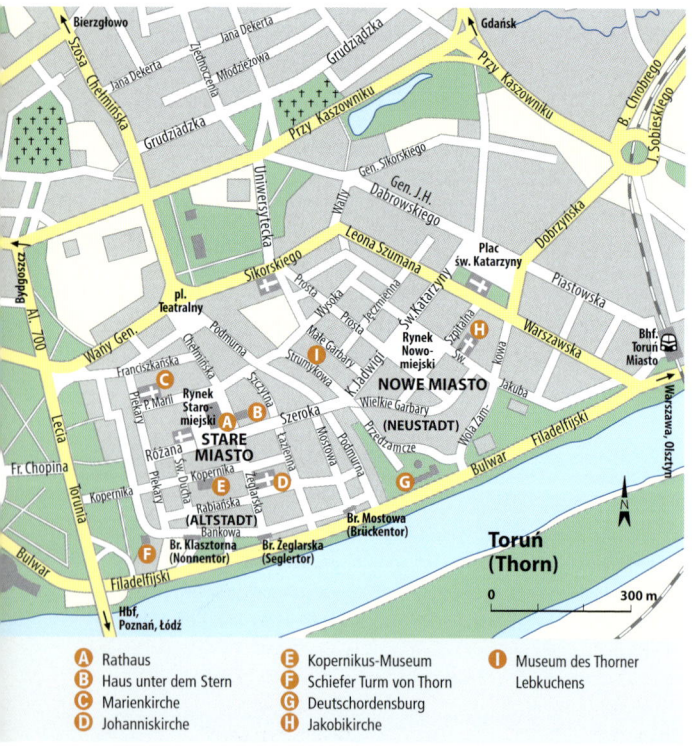

**Toruń (Thorn)**

0 — 300 m

- **A** Rathaus
- **B** Haus unter dem Stern
- **C** Marienkirche
- **D** Johanniskirche
- **E** Kopernikus-Museum
- **F** Schiefer Turm von Thorn
- **G** Deutschordensburg
- **H** Jakobikirche
- **I** Museum des Thorner Lebkuchens

Im Thorner Lebkuchenmuseum dürfen Touristen selbst Hand anlegen

## Info

**Touristinformation**
• Rynek Staromiejski 25 | 87-100 Toruń
 Tel. 056/6 21 09 31
 www.it.torun.pl

## Hotels

**Bulwar** €€€
Das komfortable 4-Sterne-Hotel mit Spa
und Restaurant an der Stadtmauer zur
Weichsel ist idealer Ausgangspunkt für
die Besichtigung von Thorn.
• ul. Bulwar Filadelfijski 18
 87-100 Toruń
 Tel. 056/6 23 94 00
 www.hotelbulwar.pl

**Hotel 1231** €€€
Freundliches und stimmungsvolles Boutiquehotel in den historischen Mauern
einer Deutschordensburg des 13. Jhs.
**!** mit Spa-Angebot und empfehlens-
wertem Restaurant.
• ul. Przedzamcze 6 | 87-100 Toruń
 Tel. 056/6 19 09 10
 www.hotel1231.pl

**Copernicus** €€
In dem großen Konferenzhotel mit Spa
und Tennisplätzen außerhalb der Altstadt herrscht eine helle und freundliche
Atmosphäre
• Bulwar Filadelfijski 11
 87-100 Toruń
 Tel. 056/6 11 57 00
 www.copernicustorunhotel.com

**Karczma Spichrz** €€
Das gemütlich-rustikale Interieur passt
zu dem historischen Speichergebäude in
der Altstadt.
• ul. Mostowa 1 | 87-100 Toruń
 Tel. 056/6 57 11 40
 www.spichrz.pl

## Restaurants

**Po Naszemu** €€
In einem historischen Keller werden
heute schmackhafte Wild- und Fisch-
gerichte serviert.
• ul. Dominikańska 9
 87-100 Toruń
 www.ponaszemu.pl

**Szeroka 9** €€

Elegantes Café-Restaurant mit italienisch-polnischer Speisekarte, ideal zum Frühstücken.

• ul. Szeroka 9 | 87-100 Toruń
Tel. 056/6 22 84 24
http://szeroka9.pl

### Nightlife

Die Stadt Thorn bietet, insbesondere an den Wochenenden, ein reges Nachtleben. Besonders beliebt – vor allem bei den vielen Studenten – ist das Lokal **U Szwejka** (Rynek Staromiejski 36, Mobiltel. 600/45 46 00, www.szwejk.torun.

com.pl), ein uriger Bierkeller. Weitere Tipps für Bierliebhaber sind das gemütliche **Krajina Piva** (Rynek Nowomiejski 8, Mobiltel. 533/33 19 85, www.face book.com/krajinapiva) und der **LIGA Sport Club** (ul. Małe Garbary 13, Tel. 056/6 59 13 29, www.ligasportclub.pl) mit kleiner Speisekarte und guter Stimmung. Hier werden u.a. Fußballspiele live im Fernsehen übertragen.

### Shopping

Die Thorner Honigkuchen werden seit 1640 in unterschiedlichen Formen, als Prunkwagen oder Trachtenfiguren, ge-

---

**SEITENBLICK**

### Der Deutsche Orden

Der Orden kam 1230 an die Weichsel, eroberte das Land der Prußen und gründete einen mächtigen Staat, der 1525 in Konfrontation mit Polen und Litauen und durch den Widerstand der Bürger zugrunde ging. Sowohl die Deutschen als auch die Polen machten den Deutschen Orden zum Symbol ihrer politischen Projektionen: Je nach Betrachter wurden die Ritter glorifiziert oder verdammt.

Die Deutschen suchten nach der Reichsgründung 1870 nach Identitätsstützen. Der effiziente Ordensstaat stand für die Kulturarbeit im – der damaligen Argumentation folgend – »kulturlosen Osten«. Die Niederlage bei Tannenberg 1410, die in Polen als »Schlacht bei Grunwald« bekannt ist, wurde 1914 in der zweiten Schlacht von Tannenberg gerächt. Es war unwichtig, dass das Schlachtfeld weit von jenem mittelalterlichen Ort entfernt war, es war irrelevant, dass es dieses Mal Russen und nicht Polen waren – der geschichtliche Vergleich bot sich an. Auch in der NS-Zeit wurde der Deutsche Orden strapaziert: Ihre Jugendbildungszentren nannten die Nazis stolz Ordensburgen.

Die Polen wiederum assoziierten mit den Ordensrittern nur das Schlimmste. Sie sahen in ihnen nicht christliche Missionare und Kulturboten, sondern die Verkörperung des deutschen Expansionsdrangs nach Osten. Die Rittermönche waren eine hinterlistige Räuberbande, so wie sie Literaturnobelpreisträger Henryk Sienkiewicz in seinem Roman »Die Kreuzritter« (1900) darstellte. Der Sieg der Polen bei Tannenberg bzw. Grunwald hielt die Erinnerung an die Größe eines Landes wach, das im 18. Jh. ohne viel Federlesens unter den Nachbarn aufgeteilt worden war. Die Zeit von 1939 bis 1945 verfestigte bei den Polen endgültig das Bild vom bösen Deutschen in einer jahrhundertelangen Geschichte: von den Deutschordensrittern über die preußischen Beamten bis hin zu den Männern der SS.

backen. Sie sind ein sowohl Augen- als auch Gaumenschmaus und ein perfektes Mitbringsel. Die originellsten Exemplare – und die schönsten Souvenirs – bekommt man im **Pierniczek** (Zeglarska 25), einem Nostalgieladen mit ganz besonderem Flair. **50 Dinge** ⑱ › S. 14.

# Golub-Dobrzyń (Gollub) **2** [E3]

Die einstige **Grenzburg** des Deutschen Ordens blickt über dem Drewenz-Tal auf die Masowische Ebene herab. Die vier Burgflügel gruppieren sich um den von einem Kreuzgang umgebenen Innenhof. Die ungewöhnliche Bekrönung der Wände mit einer Attika – einer für polnische Bauten aus der Renaissance typischen dekorativen Stützmauer – ließ Anna Wasa, die Schwester des polnischen Königs Sigismund III. Wasa, 1620 hinzufügen. Im Rahmen einer Führung kann man das kleine Museum in den einstigen Burgsälen besichtigen (Mai–Sept. Di–So 9–19, sonst bis 15 Uhr).

Die Burg bildet alljährlich Mitte Juli eine schöne Kulisse für das internationale Ritterturnier, bei dem sich edle Herren aus ganz Europa hoch zu Ross, in Rüstung und mit Schwert, Beil oder Lanze dem Kampf stellen – ein recht teures Hobby übrigens. Beim Armbrustschießen darf man selbst sein Können erproben. Über das Programm erteilt die Touristeninformation Auskunft (Kartenverkauf im Hotel Vabankul, Rynek 9, 87-400 Golub-Dobrzyń, Tel. 056/6 82 02 70).

Die Deutschordensburg in Golub-Dobrzyń

### Hotel
**Zamek Golubski** €€

Es ist ratsam, früh zu reservieren, da das Burghotel im ehemaligen Haus des Kastellans rasch ausgebucht ist.

• ul. PTTK 13 | 87-400 Golub-Dobrzyń
 Tel. 056/6 83 24 66
 www.zamekgolub.pl

# Chełmno (Kulm) **3** [E3]

Schon von Weitem ist die Silhouette des hoch am Weichselufer gelegenen Chełmno (20 000 Einw.) zu sehen. Viele mittelalterliche Kirchen und die massiven Stadtmauern lassen erahnen, dass es in der Stadt früher keineswegs so verschlafen zuging wie heute. Sie war schließlich eine der ersten (1233) und wichtigsten Städte des Ordenslandes Preußen: Das Kulmer Recht war Vorbild für viele Stadtgründungen im Land.

## Rathaus

Am Marktplatz des hübschen Provinzstädtchens begeistert das Rathaus (16. Jh.) in der für Zentral- und Südpolen typischen Bauweise. Die der antiken Proportionenlehre widersprechende Gliederung trägt manieristische Züge. Die Verzierungen werden nach oben hin reicher, wodurch dieser Teil optisch schwerer wirkt – normalerweise verfährt man umgekehrt.

## Mariä-Himmelfahrt-Kirche

Unter den fünf gotischen Kirchen der Stadt ist die Pfarrkirche (direkt am Markt, errichtet um 1300) hervorzuheben. Der fein gegliederte Turm und die quergestellten Dächer der Seitenschiffe verleihen dem Bau eine markante Silhouette. Im Innenraum mit einem schlichten Kreuzgewölbe beachte man die gotischen Fresken im Chor sowie die elf Apostelfiguren an den Pfeilern.

# Świecie (Schwetz) 4 [E3]

Auf der anderen Weichselseite liegt Świecie (26 000 Einw.). 1309 eroberte der Deutsche Orden den Ort und errichtete eine Burg. Im 19. Jh. wurde die Stadt zum Schutz vor Überschwemmungen an das hohe Weichselufer verlegt. Die Ordensburg im Flusstal ist heute eine stattliche Ruine mit rundem Bergfried. Durch die Löcher in der Bekrönung des Turms wurde heißes Pech auf etwaige feindliche Angreifer gegossen.

# Grudziądz (Graudenz) 5 [E3]

Bald nach der Gründung 1291 entwickelte sich die Kaufmannssiedlung zu einer bedeutenden Handelsstadt an der Weichsel. Ende des 18. Jhs. wurde hier eine der wichtigsten preußischen Festungen errichtet. Nun steht das Fort Wielka Księża Góra als beispielhafte, europäische Festungsarchitektur zur Besichtigung offen (Wielkie Lniska 22, Di–Fr 10–17, Sa/So 10–18 Uhr, Eintritt 12/8 zł).

Den Reisenden lockt Grudziądz mit einer recht gut erhaltenen **Altstadt**, malerisch am Weichselufer gelegen. Einmalig ist ein Ensemble von 26 **Speicherhäusern** (14. bis 17. Jh.). Von der Stadtseite aus sind nur zwei Stockwerke zu sehen, doch zum Flussufer hin präsentieren sich die backsteinernen Getreidespeicher als sieben- bis achtstöckige Bauten. Das Stadtmuseum macht fünf davon zugänglich (ul. Spichrzowa 9–15, http://muzeum.grudziadz.pl, Mai–Sept. Di, Fr 10–18, Mi/Do 10–16, Sa/So 10–15, Okt.–April Di–Do, Sa/So 10–15, Fr 10–18 Uhr, Eintritt 9/4,50 zł).

# Radzyń Chełmiński (Rehden) 6 [E3]

Die **Burg Rehden** ist eine der ganz wenigen Deutschordensburgen, die niemals umgebaut wurden, sodass sie auch als Ruine noch ein authentisches Bild ihrer ursprünglichen

Gestalt vermittelt. In ihrer vollkommenen Symmetrie war die Burg ein architektonisches Meisterwerk.

# Kwidzyn (Marienwerder) **7** [E2]

Hoch oben über dem weiten Tal der Weichsel und am Ortsrand von Kwidzyn (40 000 Einw.) ragt die **Domkapitelburg,** eine der bedeutendsten Burganlagen des Deutschordenslandes, empor. Sie entstand Mitte des 14. Jhs. und war der Sitz des Bistums Pomesanien, eines von vier preußischen Bistümern. Teile der Bischofsburg wurden nach der Reformation abgerissen, der Rest, wie die Stadt selbst, 1945 total zerstört. Inzwischen beherbergen die weitgehend rekonstruierten Räumlichkeiten im West- und Nordflügel ein **Heimatmuseum** zu Flora und Fauna der Region sowie auf dem Weg zum wehrhaften Dansker (Toi-

lettenturm) eine volkskundliche Sammlung. Mehr als die altmodisch präsentierten Exponate beeindrucken jedoch die Architektur und die Aussicht über das Flusstal (ul. Katedralna 1, Tel. 055/6 46 37 80, www.zamek.kwidzyn.pl, Mai–Sept. Di bis So 9–17, sonst Di–So bis 15 Uhr, Eintritt 10/5 zł).

Besonders imposant ist der im Stil der Backsteingotik errichtete **Dom** mit den Gräbern dreier Hochmeister des Deutschen Ordens und der Bischöfe in der Krypta. Im Chorbereich ist neben gotischen Fresken die Zelle der hl. Dorothea aus Monteau sehenswert. Die spätere Patronin Preußens ließ sich hier Ende des 14. Jhs. für zwei Jahre als Eremitin einmauern, durch eine Maueröffnung wurde sie mit Nahrung versorgt (ul. Targowa 7, Tel. 055/2 79 60 06, www.katedrakwidzyn.pl, tgl. 9–17 Uhr, Krypta: Eintritt 10/8 zł, dt. Führungen: Tomasz Kartz, Mobiltel. 603/45 07 64).

Auf das 14. Jh. geht die imposante Domkapitelburg in Kwidzyn zurück

## Hotel

**Maxim** €

Stilvolles, gemütliches Haus im Zentrum

• ul. Słowiańska 10

82-500 Kwidzyn

Tel. 055/2 79 63 18

www.maxim-kwidzyn.pl

# Pelplin 8 ⭐ [E2]

Die dreischiffige rote Backstein-kirche des berühmten **Zisterzienser-klosters** (14. Jh.) gilt als kunsthisto-risches Juwel. 84 m lang ist die Basilika, deren Fassade von acht-eckigen Treppentürmen flankiert wird. Besonders schön ist das Nord-portal mit figürlicher Dekoration aus Stuck. Der thronende Gottes-sohn wird von den Passionsinstru-menten umgeben. Innen wird das sehr hohe Mittelschiff von einem kunstvollen Sterngewölbe über-spannt. Die darunter liegenden Wände sind zart mit Architektur- und Rankenmotiven bemalt. Von der mittelalterlichen Ausstattung ist nur das Chorgestühl erhalten, die

Die Basilika von Pelplin

übrigen Stücke sind barock. Ans rechte Querhaus schließt sich der schlichte Kreuzgang an. Die an-grenzenden Klostergebäude werden von einem Priesterseminar genutzt.

Das rund 500 m entfernte Diöze-sanmuseum hütet ausgesprochen wertvolle Schätze: Neben mittel-alterlichen Drucken – darunter eine Gutenberg-Bibel – gehören dazu auch gotische Skulpturen und selte-ne Schreinmadonnen, eine Sonder-form der Andachtsbilder (Muzeum Diecezjalne, ul. Bpa Dominka 11, www.muzeum.diecezja.org, Di–Sa 9–17, So 11–17 Uhr, Eintritt 8/6 zł). **50 Dinge** ㉘ › S. 15.

# Malbork (Marien-burg) 9 ⭐ [E2]

Man kennt den Panoramablick auf das Backsteingemäuer an der Nogat von vielen Postkarten, doch die Wirklichkeit ist noch viel schöner. Sie stehen vor der mächtigsten Burganlage des europäischen Kon-tinents, seit 1997 zählt sie zum UNESCO-Weltkulturerbe. In der Abendsonne, wenn die Burgmau-ern tiefrot leuchten, ist der Anblick besonders schön.

Die Bauarbeiten am Hochschloss begannen 1280. Als der Hochmeis-ter des Deutschen Ordens 1309 sei-nen Sitz in die Marienburg verlegte, wurde das Hochschloss vergrößert, Mittelschloss und Vorburg errich-tet. Als letzter Teil der Anlage kam der elegante Hochmeisterpalast hinzu. 1410 konnte die Burg gegen Polen und Litauer verteidigt wer-

Die Marienburg ist aus Backstein gemauert – Blick in die Burgküche

den. Im Lauf des Dreizehnjährigen Krieges verkauften Söldner des Deutschen Ordens die Marienburg 1457 an Polen; sie avancierte zu einer Residenz der polnischen Könige. 1772 wurde die Burg preußisch, in eine Kaserne umgewandelt und teilweise abgerissen.

Nach 1817 begann der Wiederaufbau der Anlage. Doch erst ab 1882 wurden unter dem Baurat Conrad Steinbrecht die Gemäuer erstmals grundlegend wissenschaftlich erforscht und originalgetreu rekonstruiert. Bei der Verteidigung 1945 erlitten die Stadt und die Ostseite der Burg verheerende Schäden. Der Wiederaufbau durch die Polen begann im Jahre 1961. Auf die Rekonstruktion des Inneren der vollständig zerstörten Schlosskirche verzichtete man. Nur das Äußere mit der riesigen Marienfigur an der Apsis wurde wieder hergestellt.

2014 eröffnete das neue Kassengebäude neben dem Südosttor, das nun als Eingang dient. Über die äußeren Anlagen der Vorburg gelangt man zum Tor des Mittelschlosses, wo die eigentliche Besichtigung der Festung beginnt (ul. Starościńska 1, Tel. 055/6 47 09 78, www.zamek.malbork.pl, Mai–Sept. Schlossanlagen tgl. 9–20, Ausstellungen Di–So 9 bis 19, sonst tgl. 10–16 bzw. Di–So 10 bis 15 Uhr, Eintritt mit deutschem Audioguide: 39,50/29,50 zł). **50 Dinge** ③① › **S. 15.**

Übernachtet man in Malbork, sollte man sich die abendlichen »Licht- und Klang«-Vorführungen (*światło i dźwięk*) nicht entgehen lassen. Sie finden im Juni/Juli um 22 Uhr, Mai–15. Aug. um 21.30 Uhr, 16.–31.Aug, um 21, 1.–17. Sept. um 20 Uhr statt. Untermalt von Licht- und Toneffekten wird die Geschichte der Burg präsentiert.

## Mittelschloss

Den großen Hof des Mittelschlosses (Zamek średni) aus der ersten Hälfte des 14. Jhs. begrenzen der Gästeflügel im Osten, der Krankentrakt im Norden und der sogenannte **Große Remter** – eigentlich Speisesaal – im Westflügel. Im **Burgmuseum,** das sich im Ostflügel des Mittelschlosses befindet, ist die Ausstellung über Bernstein interessant › **Special S. 91.**

## Hochmeisterpalast

An den Großen Remter schließt sich südlich der als riesiger Wohnturm gestaltete Hochmeisterpalast (Pałac Wielkich Mistrzów) an. Der großartige, 1382 bis 1399 entstande-

ne Bau ist der schönste und besterhaltene Teil der Anlage. Die Fassade zur Nogat hin mit den von Kragsteinen gestützten Erkern, freistehenden Säulen und Zinnen sowie quadratischen Fenstern besticht durch ihre Eleganz. Im Innern begeistern sowohl Winter- als auch Sommerremter mit ihren Palmengewölben.

## Hochschloss

Durch ein mächtiges Tor gelangt man ins Hochschloss (Zamek Wysoki), das den Konventsbrüdern als Kloster diente. Im ersten und zweiten Geschoss befanden sich daher die wichtigsten Räume des Konventshauses: der **Remter** (Refektorium, Speisesaal), die **Kapelle,** der Kapitelsaal (Versammlungsraum) und das **Dormitorium** (Schlafraum). Im Hauptgeschoss fällt der Blick auf das Kapellenportal, die **Goldene Pforte** (Złota Brama, um 1280), umrahmt von Fabelwesen. Auch die schwer beschädigte **Schlosskirche** kann man besichtigen – mit Resten von Bauplastik und Fresken. Hier sieht man noch deutlich die Spuren des Zweiten Weltkriegs, durch den das einst prächtige Sterngewölbe völlig zerstört wurde.

Der diagonal zu den Mauern verlaufende Arkadengang führt zu dem um 1340 erbauten **Dansker** (Abortturm). Der krönende Abschluss eines Besuchs der Marienburg ist die Besteigung des **Hauptturms** neben der Schlosskirche. Der Ausblick auf die Burganlage, die Stadt und den Weichselwerder ist unvergleichlich.

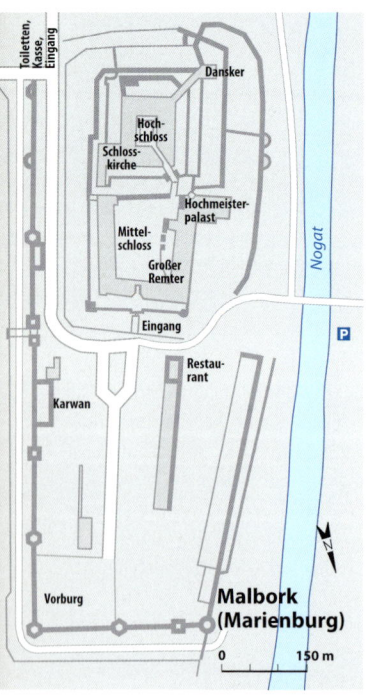

Malbork (Marienburg)

0    150 m

Seit Mitte des 19. Jhs. überspannt diese Brücke die Weichsel bei Tczew

## Info

**Malbork Welcome Center**
• ul. Tadeusza Kościuszki 54
   82-200 Malbork
   Tel. 055/6 47 47 47
   www.visitmalbork.pl

## Hotel

**Stary Malbork** €€
Südlich des Zentrums bietet ein Jugend-
stilhaus freundliche Zimmer und das
beste Restaurant am Platz.
• ul. 17 Marca 26-27
   82-200 Malbork
   Tel. 055/6 47 24 00
   www.hotelstarymalbork.com.pl

# Radausflug ins Werdergebiet

Das flache Werdergebiet ist für Radausflüge ideal. Zu den schönsten
Routen gehören der Weg von Malbork über Kościeleczki, Nowy Staw
und Lubieszewo nach Nowa Ko-
ścielnica (33 km) und die Strecke

von Malbork über Cisy und Piekło
nach Biała Gora zu den Nogat-
schleusen (30 km).

Wenn man von Lubieszewo weiter über Nowy Dwór Gdanski,
Marzęcino, Wielki Kępiny, Kępki
nach Jazowa radelt (32 km; zweimal
die Fähre nutzend), dann erschließt
sich die ganze zauberhafte Landschaft des Werders.

# Tczew (Dirschau) **10** [E2]

Unbestrittene Hauptattraktion der
Stadt (60 000 Einw.) ist die weitge-
spannte **Weichselbrücke** aus der
Mitte des 19. Jhs., eine Meisterleistung der Ingenieurskunst. Die ursprünglichen Pfeilertürme entwarf
Friedrich August Stüler. Noch heute
wird die Balkenbrücke von Fußgän-
gern, Auto- und Radfahrern be-
nutzt. Die Züge benutzen mittlerweile allerdings eine andere, parallel
verlaufende Brücke.

# ERMLAND UND OBERLAND

## Kleine Inspiration

- **Den Tag beim frisch gezapften Bier ausklingen lassen** auf der neuen Uferpromenade am Fluss Elbing in Elbląg › S. 124
- **Die Füße in den warmen Sand buddeln** am Strand von Krynica Morska › S. 126
- **Sich rundum verwöhnen lassen** – bei einem Wellnesstag im Hotel von Irena Eris nahe Ostróda › S. 133
- **Die Sommerhitze vergessen** beim Baden im Jezioro Jeziorak › S. 133

In der Hansestadt Elbląg nimmt der Oberländische Kanal seinen Ausgang, auf der Frischen Nehrung reiht sich ein Dünenstrand an den nächsten, und im Ermland strahlt heute wieder der Prunk barocker Kirchenräume.

Das Eingangstor zur Region Ermland und Oberland ist **Elbląg,** wo man im Rahmen einer Schiffstour den **Oberländischen Kanal,** ein einzigartiges technisches Meisterwerk, kennenlernen kann.

Nördlich von Elbląg liegt das **Frische Haff** (Zalew Wiślany), das vom offenen Meer durch eine Nehrung abgetrennt ist und nur einen schmalen Durchbruch bei Pillau hat. Bis zur polnisch-russischen Grenze reihen sich dort die Sandstrände aneinander.

Das historische Bistum **Ermland** war einst eine katholische Enklave im ansonsten protestantischen Ostpreußen und blieb es auch nach der Eroberung. So erfreuen sich die Besucher heute am golden erstrahlenden Prunk barocker Kirchenräume, wo wundertätige Bilder Ziel zahlreicher Wallfahrer sind.

Der Frauenburger Dom in Frombork und die sehenswerte Bischofsburg in Lidzbark Warmiński sind die architektonischen Höhepunkte der Region.

# Touren in der Region

## Tour 10 Auf Kopernikus' Spuren

**Route: Elbląg › Kadyny › Frombork › Lidzbark Warmiński › Olsztyn › Morąg › Elbląg**

**Karte:** Seite 123
**Länge:** 256 km
**Praktische Hinweise:**
- Zur Zwischenübernachtung bieten sich Frombork, Lidzbark Warmiński und Olsztyn an.

- Wer nicht nach Elbląg zurückkehren will, der beendet die Reise in Olsztyn und klinkt sich dort in die Tour »Von der Danziger Bucht ostwärts in einer Woche« ein › S. 148.

### Tour-Start:

Der Astronom, der das mittelalterliche Weltbild einstürzen ließ, verbrachte den größten Teil seines Lebens im Erm- und Oberland. Hier wirkte Nikolaus Kopernikus als Arzt und Domverwalter; seine Sternstudien betrieb er als Hobby.

Über bäuerliche Traditionen informiert das Freilichtmuseum von Olsztynek

Startpunkt der Tour ist **Elbląg** 🔢 › S. 124, im ausgehenden Mittelalter eine mächtige Handelsstadt, die erfolgreich mit Danzig konkurrierte. Im Zweiten Weltkrieg in Schutt und Asche gelegt, wurde sie erst spät wieder aufgebaut und vermittelt heute mittelalterliches Ambiente. Nun geht es am Frischen Haff entlang Richtung Nordosten. Legen Sie auf dem Parkplatz kurz hinter dem Dorf Suchacz eine Pause ein und genießen Sie den weiten Ausblick auf das Haff. Über Kadyny und Tolkmicko erreichen Sie **Frombork** 🔢 › S. 127, wo alles im Zeichen von Kopernikus steht: 1510–1543 hat er hier als Verwalter des ermländischen Domkapitels gearbeitet. Doch Kopernikus' Liebe galt nicht der Verwaltung und auch nicht der Medizin, sondern der Astronomie. Durch Beobachtung und Berechnung hatte er herausgefunden, dass die von der Kirche propagierte Lehre, die Erde sei das Zentrum des Universums, falsch ist. Vom Turm in der Südwestecke des Domhügels genießt man einen spektakulär weiten Blick übers Haff; eine Sternwarte erinnert an Kopernikus' Arbeit. Über Braniewo kommt man auf der Straße 507 nach Pieniężno. Hier war Kopernikus 1518/1519 tätig. Heute prägen den Ort angehende Missionare.

Weiter geht es nach **Lidzbark Warmiński** 🔢 › S. 128, wo Kopernikus acht Jahre lebte. Er arbeitete dort als Leibarzt seines Onkels, des Fürstbischofs Lukas Watzenrode. Die restaurierte Burg vermittelt einen guten Einblick in jene Zeiten.

Über Dobre Miasto gelangt man nach **Olsztyn** 🔢 › S. 130 mit seiner kaum weniger imposanten Burg. Daran, dass Kopernikus hier fünf Jahre wirkte (ab 1516), erinnert u. a. ein Graffiti zur Himmelsgleiche aus der Hand des Astronomen. Über Morąg kehren Sie anschließend wieder nach Elbląg zurück.

# Auf dem Oberländischen Kanal

**Tour 11**

**Route: Elbląg › Buczyniec**

**Karte:** Seite 123
**Länge:** 4½ Std.
**Praktische Hinweise:**
• Die Ausflugsschiffe starten in den Sommermonaten Juli/Aug. tgl. und in Mai/Juni, Sept. Sa/So ab Elbląg **Żegluga Ostródzko-Elbląska,** ul. Wodna 1B, Mobiltel. 896/ 70 92 27 www.zegluga.com.pl
• Von Buczyniec fahren Shuttlebusse nach Elbląg zurück.
• In Buczyniec bleibt Zeit, das kleine Museum über die Geschichte und den Bau des Kanals zu besichtigen.

## Tour-Start:

Die Hauptattraktion von **Elbląg** 🔢 › S. 124 ist eine Schifffahrt auf dem Oberländischen Kanal (Kanał Elbląski), der über 82 Km bis nach **Ostróda** 🔢 › S. 132 führt. Die gesamte Strecke wird nicht mehr als Ausflug angeboten. Die Tour bis Buczyniec beinhaltet aber die Höhepunkte: die fünf Rollberge, auf denen das unterschiedliche Niveau der Seen – auf 10 km ist ein Höhenunterschied von 99 m zu bewältigen – überwunden wird. Die Schiffe werden auf Schienen und einer Art Schlitten per Wasserkraft über die Hügel gezogen, eine technische Meisterleistung aus der Mitte des 19. Jhs. Wer keinen Schiffsausflug unternehmen möchte, der sollte sich zumindest eine der Rampen ansehen, z. B. die von Buczyniec (rund 5 km westlich von Morzewo).

Die Burg Allenstein in Olsztyn

## Touren in Ermland und Oberland

**Tour** ⑩  **Auf Kopernikus' Spuren**

Elbląg › Kadyny › Frombork › Lidzbark Warmiński › Olsztyn › Morąg › Elbląg

**Tour** ⑪  **Auf dem Oberländischen Kanal**

Elbląg › Buczyniec

# Unterwegs im Erm- und Oberland

## Elbląg (Elbing) **1** ⭐ [F2]

Das bedeutende Industrie- und Verwaltungszentrum (122 000 Einw.) liegt etwa eine Autostunde von Danzig entfernt. Bekannt wurde die Region schon durch die Reisebeschreibungen des Wikingers Wulfstan, der 890 von Haithabu in das sagenumwobene, märchenhaft reiche Truso segelte. Dieses Truso soll ganz in der Nähe von Elbing am Drausensee (Jezioro Drużno) gelegen haben. Gegründet wurde Elbing 1237 durch einige Lübecker Bürger und Hermann Balk, den Landmeister des Deutschen Ordens. 1246 erteilte Hochmeister Heinrich von Hohenlohe Elbing lübisches Stadtrecht. Der Aufstand der Städte im Deutschordensland, die sich 1440 zum preußischen Bund zusammengeschlossen hatten, führte zum Dreizehnjährigen Krieg (1454 bis 1466). Auch die Hansestadt Elbing lehnte sich auf; beim Sturm wurde die Ordensburg zerstört. 1457 erkannten die Elbinger die polnische Lehnshoheit an und wurden autonome Stadtrepublik. 1772 wurde Elbing preußisch. 1945 lag die Altstadt in Trümmern, wurde inzwischen aber hübsch restauriert und zieht viele Besucher an, die von hier aus eine Fahrt auf dem **Kanał Elbląski** (Oberländischer Kanal) unternehmen › **S. 122** oder die Atmosphäre in der Stadt genießen.

## Nikolaikirche

Den Mittelpunkt der Altstadt markiert die gotische Nikolaikirche (Kościół św. Mikołaja), eine siebenjochige, rechteckige Hallenkirche mit einem 95 m hohen Turm, deren Ursprung auf das 13. Jh. zurückgeht. Im Innern der Kirche, die sich einst im Zentrum der Stadt befand, sind einige spätgotische Altäre zu sehen, die aus anderen zerstörten Elbinger Kirchen stammen, sowie das kunstvolle **Taufbecken** von Meister Bernhuser (14. Jh.).

Die nördlich gelegene **Marienkirche** wird heute als Ausstellungsraum für moderne Kunst genutzt.

### Info

**Touristeninformation**
- Stary Rynek 25 | 82-300 Elbląg
  Tel. 055/2 39 33 77
  http://turystyka.elblag.eu

### Hotel

**Atrium Hotel** €€€
Ein familiäres Hotel mit gemütlichen Zimmern und tollem Frühstück gleich an der Nikolaikirche.
- ul. Mostowa 13 | 82-300 Elbląg
  Tel. 055/2 33 33 66
  www.atriumhotel.pl

### Restaurant

**Specjal Pub** €€
- Brauereigaststätte in einem alten Brückenwärterhäuschen an der Fußgänger vorbehaltenen Klappbrücke über den Fluss, mit herrlichen Außenplätzen, teils Liegestühlen am Ufer.

**SPECIAL**

# Polens beste Strände

Naturerlebnis und Dünenwanderung, Seebad oder Partyhochburg: Von Polens Strandschönheiten hat jede ihren eigenen Charme. Hier sind die sieben besten.

## Das klassische Seebad

In **Świnoujście** findet man feine Bäderarchitektur, einen breiten Sandstrand und eine Promenade zum Flanieren › S. 58.

## Der Fitness-Strand

Zum Sonnenbaden allein ist der Strand von **Międzyzdroje** viel zu schade. Er lockt zu langen Strandwanderungen am Fuß dramatischer Steilklippen › S. 60.

## Die Partyhochburg

In **Sopot** steppt im August der Bär: Beiderseits der Mole sammeln sich abends die Klubgänger zum »Vorglühen«. Erst am Morgen ist die Party vorbei › S. 97.

## Das Kitesurf-Dorado

Auf der Halbinsel **Hel** weht der schärfste Wind zwischen Chałupy und Jastarnia. Die beiden Fischerdörfer sind deswegen zum Hotspot der Kitesurfer avanciert › S. 76.

## Das Naturwunder

Erst kommt Meer, dann hohe Dünen und dahinter noch mal Wasser! Der **Słowiński-Nationalpark** ist Wasser und Sand pur › S. 73.

## Das Strandkorbidyll

Ein Grüngürtel trennt **Kołobrzeg** vom weißen Strand. Gibt es einen besseren Ort für ein gutes Buch als einen Strandkorb und Sonne? › S. 68.

## Das FKK-Refugium

Zwischen Haff und Meer dürfen in der Einsamkeit hinter einer hohen Düne bei **Krynica Morska** selbst im erzkatholischen Polen die Hüllen fallen › S. 126.

Kilometerlange weiße Sandstrände säumen Polens Küste, wie hier in Łeba **125**

Badevergnügen an der Frischen Nehrung bei Krynica Morska

• ul. Wybrzeże Gdańskie 15
82-300 Elbląg
Mobiltel. 533/34 15 15
www.podaniolami.com.pl

# Die Frische Nehrung

Strand, Dünen und seltene Wasservögel: Der 70 km lange, aber teils nur 500 m schmale Landstreifen der Frischen Nehrung trennt das Frische Haff (Zalew Wislany) von der Ostsee. Er gehört teils zu Polen, teils zur russischen Exklave Kaliningrad. Zum offenen Meer hin breiten sich Sandstrände mit Dünen aus.

## Sztutowo (Stutthof) 2 [E2]

In Sztutowo erinnert das ehemalige Konzentrationslager an das wohl düsterste Kapitel deutsch-polnischer Geschichte. Seit 1939 wurde bei Stutthof die polnische Führungselite aus Danzig und Westpreußen interniert. Viele wurden von den Nazis hingerichtet, etliche starben unter

menschenunwürdigen Haftbedingungen. Im Juni 1944 errichtete man in Stutthof Gaskammern, in denen auch griechische und ungarische Juden – wegen der Überfüllung von Auschwitz, wie es hieß – ermordet wurden. Die Angaben zu den Opfern schwanken zwischen 65 000 und 85 000 Toten, weit über die Hälfte war jüdischer Abstammung. Das in einigen Baracken eingerichtete Museum lässt jeden Besucher erschauern, zumal der Gegensatz zwischen den Gaskammern und den sorglosen Urlaubern am nahen Strand krasser nicht sein könnte (ul. Muzealna 6, http://stutthof.org, Mai bis Sept. tgl. 8–18, Okt.–April 8 bis 15 Uhr, für Kinder unter 13 Jahren nicht zu empfehlen).

## Krynica Morska (Kahlberg) 3 [F2]

In Krynica Morska lebt man nur in der Gegenwart: Tausende von Urlaubern bevölkern den Strand, baden oder ! suchen nach Bernstein und Muscheln, schlendern am Fischerhafen entlang oder starten zu einem Schiffsausflug nach Frombork. Im Schilf auf der Südseite der Nehrung nisten seltene Wasservögel.

# Frombork (Frauenburg) 4 ⭐ [F2]

Von einem befestigten Hügel grüßt der **Dom** des Städtchens (2500 Einw.). Hier verbrachte der Astronom Nikolaus Kopernikus › **Seitenblick S. 128** seine letzten Jahre als Domkanoniker, und hier beobachtete und erforschte er den Sternenhimmel. 1735 errichtete man Kopernikus beim Nordostpfeiler des Doms ein Epitaph; wo er tatsächlich begraben liegt, ist nicht bekannt.

Der beeindruckende Backsteinbau aus dem 14. Jh. gleicht keiner anderen Backsteinkirche der Gegend. Einmalig ist seine gotische Westfassade: ein Dreiecksgiebel mit aufgesetzter Arkadengalerie, flankiert von zwei schlanken Türmchen. Das Innere bestimmt der Barock: Außer dem Triptychon (Nordwand; 1504), dessen Seitenflügel nach Vorlagen Dürers und Schongauers bemalt sind, wurden alle anderen Altäre ab 1626 errichtet, nachdem die schwedische Soldateska unter Gustav Adolf den Dom geplündert hatte.

Ein Blickfang ist die klangvolle, kostbare Orgel (1683/84), ein Werk des Danzigers Daniel Nitrowski. Die Hauptorgel wird durch eine kleinere im Chorraum ergänzt, sodass die Musik von mehreren Seiten ertönt (tgl. 9–17 Uhr; in der Saison gibt es häufig Vorführungen, ab und zu finden Konzerte statt, ein Programm gibt es an der Museumskasse im Torgebäude). **50 Dinge** ㊶ › S. 16.

Den gesamten Domhügel umgibt eine **Wehranlage**. In der Südwestecke erhebt sich der Radziejowski-Turm (Wieża Radziejowskiego), eigentlich ein barocker Glockenturm, der über einer Bastei (heute Planetarium) errichtet wurde. Von hier hat man einen ▌ einmaligen Blick auf die Stadt, das Haff und die Nehrung (www.frombork.art.pl, Di–So 9–16, Kirche bis 17 Uhr, Eintritt Turm 6/4 zł).

## Info
**Touristeninformation**
- ul. Młynarska 5 A | 14-530 Frombork
  Tel. 055/2 44 06 77 | www.frombork.pl

Der Dom von Frombork

## Hotel

**Kopernik** €

Verkehrsgünstig gelegen unterhalb des Domhügels, 32 Zimmer, mit Ausflugsprogramm.

- ul. Kościelna 2 | 14-530 Frombork
  Tel. 055/2 43 72 85
  www.hotelkopernik.com.pl

# Lidzbark Warmiński (Heilsberg) 5 [G2]

In diesem Städtchen (16 000 Einw.) residierten 1350–1772 die Bischöfe des Ermlands. Auch hier stößt man auf die Spuren von Kopernikus: Er war 1503–1510 Sekretär und Hof-

arzt seines Onkels, des Bischofs Lukas von Watzenrode. Der letzte Bischof des autonomen Ermlands, Ignacy Krasicki, war einer der bedeutendsten polnischen Aufklärer und Kirchenkritiker. Im Jahr 1772 marschierte Friedrich der Große im Ermland ein und übernahm die Herrschaft.

Die Hauptsehenswürdigkeit des Ortes ist die **Bischofsburg** (1350 bis 1401), neben der Marienburg › S. 116 die besterhaltene Wehranlage im früheren Deutschdensstaat. Zwischenzeitlich Kaserne, dann Waisen- und Krankenhaus, beherbergt sie nun neben einem Museum das Hotel Krasicki.

SEITENBLICK

### Nikolaus Kopernikus

Das Licht der Welt erblickte Nikolaus Kopernikus, oder Mikołaj Kopernik, wie er auf Polnisch heißt, 1473 in der Hansestadt Thorn. Kopernikus studierte Astronomie in Krakau und ging später nach Italien, wo er seine Ausbildung in Ferrara, Padua und Bologna abschloss. Zurück im Norden, wurde er Domkanoniker und Sekretär seines Onkels, des ermländischen Bischofs Lukas von Watzenrode, und lebte abwechselnd in Lidzbark Warmiński (Heilsberg), Olsztyn (Allenstein) und Frombork (Frauenburg). In Frombork verbrachte er die letzten Jahre seines Lebens. Der Überlieferung zufolge überreichte man ihm dort auf dem Sterbebett (1543) das erste gedruckte Exemplar seines Hauptwerks »De revolutionibus orbium coelestium«. Damit wurde die mit der Bibel konforme Vorstellung von der Erde als Zentrum des Universums (Ptolemäisches Weltbild) mit einem Schlag infrage gestellt. Nach Kopernikus' Forschungen bildet die Sonne den Mittelpunkt, um den die Erde und andere Planeten kreisen. Diese Abkehr von der Vorstellung einer – wörtlich und im übertragenen Sinne verstandenen – zentralen Lage der Erde war für die Kirche vollkommen inakzeptabel. Bereits kurz nach Kopernikus' Tod erklärten Luther und Calvin dessen Lehre zu Häresie. Die katholische Kirche zögerte bis 1616, das revolutionäre Werk auf den Index der verbotenen Bücher zu setzen, ging aber bereits zuvor gegen Forscher wie Giordano Bruno und Galileo Galilei, die die Theorie des Thorner Astronomen weiterentwickelten, mit äußerster Härte vor. Erst 1828 wurde »De revolutionibus orbium coelestium« wieder legalisiert, Galileo musste gar bis spät ins 20. Jh. hinein auf seine Rehabilitierung warten.

![Das Hohe Tor zählt zu den wichtigsten Sehenswürdigkeiten von Lidzbark Warmiński]

Das Hohe Tor zählt zu den wichtigsten Sehenswürdigkeiten von Lidzbark Warmiński

Aus dem 14. Jh. stammen noch der gut erhaltene zweigeschossige Arkadengang um den Hof, die Innenräume mit ihren Gewölben und ihrer Bemalung. Den Gast verdutzt ein Detail in der ehemaligen Burgkapelle: Von den Schnittpunkten der gotischen Rippen lächeln barocke Putten den Besucher an – ein Ergebnis des Umbaus im 18. Jh.

Der schönste Raum ist der Große Remter (Speisesaal). Er ist mit gotischen Fresken ausgemalt, nur der Fries mit den Wappen der Bischöfe kam später hinzu und wird stets um das Bild des jeweiligen Amtsinhabers ergänzt. Das Museum Warmińskie (Ermländisches Museum) zeigt eine Sammlung zur Regionalgeschichte mit mittelalterlichen Skulpturen, moderner polnischer Malerei und Ikonen (www.muzeum.olsztyn.pl, Juli/Aug Di–So 10 bis 18, Mai/Juni, Sept. Di–Sa 9–17, So 10–18, Okt.–April Di–Sa 10–16, So 10–18 Uhr, Eintritt 12/8 zł).

### Hotel

**Krasicki** €€€

Stimmungsvolles Luxushotel in der Deutschordensburg mit Spa- und Wellnessbereich sowie Restaurant.

- Pl. Zamkowy 1
  11-100 Lidzbark Warmiński
  Tel. 089/5 37 17 00
  www.hotelkrasicki.pl

# Olsztyn (Allenstein) 6 [G2]

Das Industrie- und Kulturzentrum (176 000 Einw.) ist neben Białystok die größte Stadt im Nordosten Polens. Der Tourismus, die Wirtschaftskontakte mit dem Kaliningrader Gebiet sowie die 1999 gegründete Universität bringen Leben in die Stadt. Die endlosen Betonblöcke der Trabantenstädte, der Schlafstädte der Allensteiner, wirken wenig einladend. Die Altstadt jedoch ist hübsch und voller Atmosphäre. Und nicht zuletzt ist es die an Seen reiche, reizvolle Umgebung, die Allenstein zu einer von Urlaubern viel besuchten Stadt macht.

## Die Altstadt

Die weitgehend autofreie Altstadt liegt südlich vom modernen Stadtzentrum, durch den Überrest der Stadtbefestigung, das **Hohe Tor** (Wysoka Brama), von ihm getrennt. In die zweigeschossigen Häuser sind Bars, Restaurants und Geschäfte eingezogen, die die Altstadt zum beliebten Treffpunkt und zur richtigen Flaniermeile machen.

Der markante Turm mit Gesimsbändern aus glasierten Backsteinen in der Nähe des Marktes gehört zur **Jakobikirche.** Die inzwischen zur Kathedrale (Katedra św. Jakuba) erhobene einstige Pfarrkirche besitzt ein herrliches Netzgewölbe und zwei wertvolle spätgotische Altäre. Am anderen Ende der Altstadt, auf der ehemaligen Flussinsel der Łyna (Alle) im Nordwesten, erhebt sich die **Burg** des Domkapitels aus dem 14. Jh. Heute beherbergt sie das **Museum vom Ermland und Masuren** (Muzeum Warmii i Mazur, ul. Zamkowa 2, www.muzeum.olsztyn.pl, Juli/Aug. Di–So 10–18, Mai/Juni, Sept. Di–Sa 9–17, So 10–18, Okt. bis April Di–Sa 10–16, So 10–18 Uhr, Eintritt 10/8 zł). Stolz zeigt man Schriftzeichen und Zahlen an einer Wand, die Kopernikus zugeschrieben werden. Im Burghof wurden »Baben«, prußische Steinfiguren, aufgestellt – eines der wenigen Zeugnisse dieses Volkes.

**SEITENBLICK**

### Ereignisreiche Geschichte

Die Stadtgeschichte Allensteins entbehrt nicht der Dramatik. Der Deutsche Orden gründete 1353 die Stadt, später hatten die ermländischen Domherren das Sagen. Die dem polnischen Adel entstammenden Bischöfe holten polnische Siedler ins Land, die den Großteil der Dorfbevölkerung ausmachten, während die Städte weitgehend deutsch waren. 1920 votierten in einer Volksabstimmung nur 2 % der Bevölkerung Allensteins und 13 % der Umgebung für den Anschluss an Polen – Ermland blieb bis 1945 deutsch. Die Nationalsozialisten terrorisierten die polnische Minderheit in der Garnisonsstadt. Nach dem Einmarsch der Roten Armee wurde Allenstein zerstört; die Bevölkerung war bereits geflohen oder wurde vertrieben. Aus dem Osten vertriebene Polen bauten Olsztyn wieder auf.

Von der Olsztyner Burg hat man einen schönen Blick auf die bunten Häuser der Altstadt

## Info

• pl. Jana Pawla II 1 | 10-027 Olsztyn
  Tel. 089/5 21 03 98
  http://visit.olsztyn.eu

## Hotels

**Omega** €€
Unspektakulärer, moderner Hotelbau
in grandioser Lage am Krzywymsee.
• ul. Sielska 4 a | 10-802 Olsztyn
  Tel. 089/5 22 05 00
  www.omegahotel.pl

**Villa Pallas** €€
Stilvolle, zum Hotel umgebaute Grün-
derzeitvilla mit großbürgerlichem Ambiente, klein aber fein mit 32 Zimmern.
• ul. Żołnierska 4 | 10-557 Olsztyn
  Tel. 089/5 35 01 15
  www.villapallas.pl

## Restaurants

**Nowoczesna** €€
Erstklassige polnische Küche, hervorragend leicht interpretiert, Spezialität
ist Hähnchen mit Kastanienmousse
an Moosbeerensoße.

• ul. Kołobrzeska 1 (im Hotel Warmiński)
  10-445 Olsztyn
  Tel. 089/5 22 15 60

**Staromiejska** €
Altstadtcafé mit Anklängen eines
Wiener Kaffeehauses, oft Livemusik.
Spezialität: Naleśniki Gundel, ein süßer
Eierpfannkuchen-Traum.
• Stare Miasto 4/6 | 10-027 Olsztyn
  Tel. 089/5 27 58 83
  www.staromiejska.olsztyn.pl

# Olsztynek (Hohen-
stein) **7** ⭐**10** [F3]

Die Besucherattraktion im ver-
schlafenen Städtchen Olsztynek
(6500 Einw.) ist das 60 ha große
**Freilichtmuseum** am nordöstlichen
Ortsrand. Hier können Sie auf einem Spaziergang rund 40 originalgetreu aufgebaute Bauernhäuser aus
Masuren, dem Ermland und dem
Memelland sehen – viele in der traditionellen Holzbauweise der Regi-

Am Oberländischen Kanal überwinden Boote die Steigungen auf Rampen

Die Polen erinnern sich lieber an die erste Schlacht von Tannenberg in **Grunwald** (20 km westlich von Olsztynek) 1410, in der Polen und Litauer die Deutschordensritter vernichtend schlugen. Jedes Jahr im Juli wird die Schlacht, die in Polen als Schlacht bei Grunwald bekannt ist, von Hobbyrittern nachgespielt. Ein Denkmal sowie ein Museum sind das Ziel zahlloser polnischer Touristen (Muzeum Bitwy Grunwaldzkiej, Stębark 1, 14-107 Gierzwałd, Tel. 089/6 47 22 15, www.muzeumgrunwald.pl, Mitte Mai–Mitte Okt. tgl. 9.30–18.30 Uhr).

on und teils mit bäuerlichem Gerät ausgestattet. Neben den hübschen Wasser- und Windmühlen ist die Kopie einer Kirche von Rychnowo (Reichenau) mit einem naiven Deckenbild von Adam und Eva hervorzuheben (www.muzeumolsztynek.pl, Juli/Aug. tgl. 10–18, Mai/Juni, Sept. tgl. 9–17, 15.–30. April, Okt. Di–So 9–16 Uhr, Eintritt 14/8 zł).

## Grunwald (Grünfeld) **8** [F3]

Die Umgebung ist geschichtsträchtig: 1914 schlug hier der spätere Marschall Hindenburg die zaristisch-russische Narew-Armee. Das große Denkmal für die sogenannte zweite Schlacht von Tannenberg mit dem Grabmal Hindenburgs wurde beim Abzug der deutschen Truppen im Jahre 1945 gesprengt.

## Ostróda (Osterode) **9** [F3]

Die Endstation des Oberländischen Kanals liegt sehr hübsch am Drewenzsee (33 000 Einw.). Am See kann man Kanus, Paddelboote, Tretboote und Segelboote mieten. Herrliche Ausflüge entlang des Kanał Elbląski (Oberländischer Kanal) nach Elbląg › **S. 124** bieten sich an. Einzige Sehenswürdigkeit der Stadt selbst ist die stattliche Deutschordensburg. 1945 ausgebrannt, wurde sie in den vergangenen Jahren wieder aufgebaut und gibt heute Kunstausstellungen einen würdigen Rahmen.

### Info

**Touristeninformation**
- pl. 1000-lecia Państwa Polskiego 1A 14-100 Ostróda
  Tel. 089/6 42 30 00
  www.mazury-zachodnie.pl

## Hotels

**Dr. Irena Eris Wzgórza Dylewskie** €€€
Wunderschönes Wellnesshotel des
Kosmetikunternehmens Dr. Irena Eris.
Geboten werden u. a. **!** Gesichts- und
Körperpflege vom Feinsten. Tolle Pool-
und Saunalandschaft, Reitangebote und
viel Natur. **50 Dinge** ㊳ › **S. 16.**
• Wysoka Wieś 22 | 14-100 Ostróda
  Tel. 089/6 47 11 11
  www.drirenaerisspa.pl

**Sajmino** €
Am Stadtrand im Grünen gelegenes
Hotel mit Restaurant.
• ul. Michała Kajki 6
  14-100 Ostróda | Tel. 089/6 46 71 24
  www.sajmino.pl

## Restaurant

**La Luna** €€
Restaurant am See mit Grill- und Fisch-
spezialitäten.
• ul. Mickiewicza 13 B
  14-100 Ostróda | Tel. 089/6 46 89 08

# Iława (Deutsch-Eylau) ⑩ [F3]

Das Städtchen (32 000 Einw.) zwischen Ostróda und Kwidzyn, touristisches Zentrum der herrlichen
Oberländischen Seenplatte (Poje-
zierze Iławskie), liegt am Südende
des größten aller Oberländer
Seen, **!** am lang gezogenen Gese-
richsee (Jezioro Jeziorak). Rings um
den Ort erstrecken sich nur weite
Wälder und sanft gewellte Hügel.
Wenn das Wetter es zulässt, strö-
men Jung und Alt von Campingplätzen und aus den Hotels herbei
und drängen sich an den Stränden
und Liegewiesen rund um den See.

## Info

**Touristeninformation**
• ul. Niepodległości 13 | 14-200 Iława
  Tel. 089/6 48 58 00
  www.ilawa.pl

Der Tag erwacht – Morgenstimmung an der Oberländischen Seenplatte

Im Schloss Kamieniec verbrachte Napoleon den Winter 1807

## Hotel

**Port 110** €€
Helle Zimmer direkt am See. Mit Restaurant, Terrasse am Wasser und Marina.
• ul. Konstytucji 3 Maja 7 | 14-200 Iława
  Tel. 089/648 20 50
  www.port110.pl

## Festival

Mitte Aug. Festival des traditionellen Jazz, Złota Tarka (»Goldenes Waschbrett«, http://zlotatarka.pl).

# Ausflug zu Schlössern und Burgen

Für Abwechslung sorgt eine Entdeckungsreise ins Mittelalter. Eine erste Burg erwartet Sie knapp 10 km nordwestlich Iława in **Szymbark** (Schönberg) **11** [F3]. Im Unterschied zu den meisten Befestigungsanlagen des Deutschen Ordens besaß diese Domkapitelburg aus dem 14. Jh. einen großen Hof

(70 × 90 m), den eine rechteckige Wehrmauer mit mehreren Türmen und nur ein ausgebauter Wohnflügel umgaben. 1945 erlitt sie starke Zerstörungen; die Restaurierung musste wegen finanzieller Engpässe vor einiger Zeit unterbrochen werden. Gelegentlich dient die Burg als Filmkulisse, so für Volker Schlöndorffs »Erlkönig«. Die Idee, die ost- und westpreußischen Burgen und Schlösser für den Film zu nutzen, ist übrigens nicht neu: Bereits vor dem Zweiten Weltkrieg stolzierte Greta Garbo als Gräfin Walewska, gefolgt von ihrem Hollywood-Team, durch das nahe Schloss in **Kamieniec** (Finckenstein) **12** [F2], 6 km nördl. von Susz. Im Schloss der Familie Finckenstein hatte sich Napoleon mit seiner Geliebten, der Gräfin Walewska, im Winter 1807 einquartiert. 1945 vollständig ausgebrannt, verfällt das einst schönste Barockschloss der Region heute zusehends.

Das Land der 1000 Seen

# MASUREN

## Kleine Inspiration

- **Angenehm entspannende Nächte verbringen** im gemütlichen Burghotel St. Bruno in Giżycko › S. 142
- **Auf den Jezioro Mamry hinausrudern** zum Lesen fernab vom Trubel am Ufer › S. 143
- **Nach Höckerschwänen Ausschau halten,** die am Jezioro Łuknajno nisten › S. 143
- **Die herbstliche Laubfärbung bewundern** beim Waldspaziergang in der Johannisburger Heide › S. 144

**Das Land der dunklen Wälder und kristallnen Seen. Hier nistet in jedem Dorf noch mindestens ein Storchenpaar. Kommen Sie mit auf eine Rad- und Wandertour oder paddeln Sie auf Seen und Flüssen durch herrliche Natur.**

Eine endlose Weite hügeliger Felder, sanft durchschnitten von uralten Eichenalleen, darin eingebettet kleine Dörfer, rote Backsteinhäuschen mit dem obligatorischen Storchennest auf dem Dach und aufgeregt schnatternde weiße Gänse: Masuren ist eine Landschaft wie aus dem Bilderbuch.

Vor allem aber sind es die wunderbaren Seen, die den Reiz Masurens ausmachen. Sind es 2000, vielleicht sogar 3000? Keiner hat sie genau gezählt. Am größten, dem Jezioro Śniardwy (Spirdingsee)kann man kaum von einem Ufer zum anderen schauen. Andere Seen sind dagegen so klein, dass sie aus der Ferne aussehen wie Perlen, die jemand in eine grüne Wiese geworfen hat. Immer kann man irgendwo ins Wasser springen!

Die drei großen Zentren Masurens – **Mrągowo** (Sensburg), **Giżycko** (Lötzen) und **Mikołajki** (Nikolaiken) – sind zwar nicht mehr ganz so ruhig und beschaulich, bieten dafür eine große Hotelauswahl sowie ein breites Angebot an Wassersport und Restaurants.

Doch wofür man sich auch entscheidet, ist fast egal. Der Zauber Masurens liegt ohnehin im Verborgenen; er wird spürbar in den Wäldern, »in denen der liebe Gott spazieren geht, und seine Fußspuren leuchten«, wie es Ernst Wiechert ausdrückte. Er lebt an den einsamen Seen und in den »zärtlichen Dörfchen, zwischen Torfmooren und sandiger Öde«, die gestern wie heute im »Rücken der Geschichte« liegen. So hat es nicht nur Siegfried Lenz erlebt.

# Touren in der Region

## Rings um die Großen Seen

**Route: Giżycko › Węgorzewo › Sztynort › Giżycko – › Ruciane-Nida › Mikołajki › Giżycko**

**Karte:** Seite 137

**Länge:** 204 km
**Praktische Hinweise:**
• Die Tour lässt sich per Auto oder Rad unternehmen. Sie führt überwiegend über wenig befahrene Straßen. Um die Landschaft zu genießen, sollten Autofahrer zwei, Radfahrer vier Tage einplanen.

## Tour-Start:

- Bei der Touristeninfo von Giżycko liegt Infomaterial über die markierte Strecke aus.
- Hotels finden Sie in Giżycko, Węgorzewo, Pisz, Ruciane-Nida und Mikołajki. In jedem Dorf gibt es zudem kleine und einfache Quartiere. Wer kein Rad dabeihat, kann sich in Giżycko z. B. im Hotel Europa eines leihen.

Im Herzen von Masuren liegen mehrere Seen, die so groß sind, dass sie als Meere bezeichnet werden. Per Auto oder Rad kann man sie umrunden und dabei großartige Landschaftseindrücke in sich aufnehmen. Die folgende, eine Acht beschreibende Tour beginnt im Städtchen **Giżycko** 4 › S. 141, dem Dreh- und Angelpunkt des nördlichen Masuren.

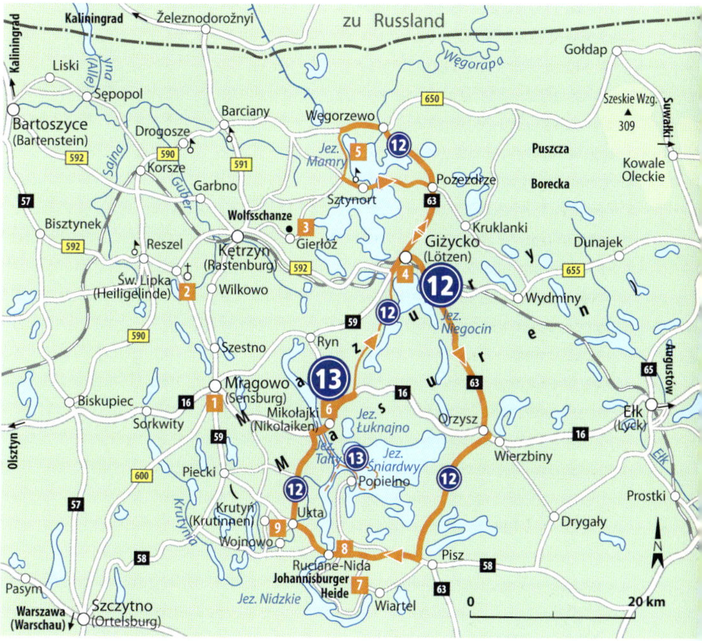

## Touren in Masuren

### Tour 12    Rings um die Großen Seen

Giżycko › Węgorzewo › Sztynort › Giżycko › Ruciane-Nida › Mikołajki › Giżycko

### Tour 13    Auf den »masurischen Meeren«

Mikołajki › Jezioro Śniardwy

Storchenparadies Masuren

## Auf den »masurischen Meeren«

**Route: Mikołajki › Jez. Śniardwy**

**Karte:** Seite 137
**Dauer:** 2 Std.
**Praktische Hinweise:**
- Ausflugsschiffe starten von Mitte Juni bis Mitte Sept. tgl. ab 9 Uhr am Stadthafen von Mikołajki.
- Reederei: **Żegluga Mazurska,** Port Mikołajki, pl. Wolności 15, Tel. 087/4 21 61 02, www.zeglugamazurska.com.pl.

Über Pozedrze geht es am Ostufer des Darginsees entlang ins verschlafene Städtchen Węgorzewo. Anschließend führt die Route am Westufer des Mamrysees entlang. Lohnenswert ist ein Abstecher nach Sztynort › **S. 143**, wo auf einer Landbrücke zwischen Mamry- und Darginsee das verfallene Schloss der Familie Lehndorff thront.

Wieder in Giżycko, hält man sich diesmal südwärts und fährt über Orzysz nach Pisz am Rand der Johannisburger Heide. Hier schwenkt man westwärts ein und folgt der Straße 58 ins Wassersportzentrum **Ruciane-Nida 8 › S. 144.**

Reizvoll ist auch die folgende Etappe auf der Straße 609, die durch den Masurischen Landschaftspark (Landschaftsschutzgebiet) bis nach **Mikołajki 6 › S. 143** führt.

Dann geht es nach Norden zum Jez. Łuknajno, einem ❗ UNESCO-Biosphärenreservat für Höckerschwäne. Hinter Woźnice biegt man in die Straße 643 ein, die einen dicht am Ufer des Niegocinsees, des siebtgrößten Sees in Polen, nach Giżycko zurückbringt.

## Tour-Start:

Haben Sie die »masurischen Meere« vom Ufer aus gesehen, so verspüren Sie bestimmt Lust, sie auf dem Wasser zu erleben. Bester Startpunkt ist **Mikołajki 6 › S. 143**, wo die Weiße Flotte Touren anbietet.

Besonders empfehlenswert ist die Südtour entlang der malerischen Ufer des schmalen Jezioro Beldany (Beldahnsee). Das Schiff dreht eine Schleife auf dem Jezioro Śniardwy (Spirdingsee) und durchquert eine 1899 erbaute Schleuse.

Außerdem werden Schiffstouren ins nördlich gelegene Ryn bzw. nach **Ruciane-Nida 8 › S. 144** angeboten.

## Verkehrsmittel

Mit dem eigenen Auto bzw. Fahrrad ist man in Masuren am mobilsten. Die Zugverbindungen sind mangelhaft, und auch mit dem Bus gelangt man längst nicht überall hin.

# Unterwegs in Masuren

## Mrągowo (Sensburg) **1** [G2]

Das Städtchen (22 000 Einw.) am See Czos westlich der **Großen Masurischen Seenplatte** blieb als eines von wenigen 1945 verschont und präsentiert sich heute als hübscher Urlaubsort. Der Markt und die Straßen aus dem 19. Jh. laden zu einem Stadtbummel ein.

Nicht nur während des Country-Festivals Ende Juli kann man hier Westernluft atmen. In **Mrongoville**, dem Nachbau einer typischen Westernstadt des 19. Jhs. am Ortsrand Richtung Giżycko, findet man u. a. Saloon, Kirche, Bahnstation, Marterpfahl und Tipis. Pferde, Cowboys und Indianer sowie Can-Can-Tänzerinnen beleben die Szenerie (ul. Mlynowa 50, Tel. 089/7 43 33 50, www.mrongoville.pl, Juli–Sept. tgl. 11–21 Uhr, Eintritt 15/8 zł).

### Info

- ul. Warszawska 26
  11-700 Mrągowo
  Tel. 089/7 41 80 39
  www.it.mragowo.pl

### Hotel

**Mercure Mrągowo Resort & Spa** €€€
Große, aber freundliche Anlage; See in unmittelbarer Nähe; Pool, Sauna, Tennisplätze, Radverleih, Reitpferde.
- ul. Giżycka 6 | 11-700 Mrągowo
  Tel. 089/7 43 31 00
  www.mercure.com

### Restaurant

**Chata Mazurska** €€
In der »masurischen Hütte« gibt es gegrillten Fisch, z. B. Aal, Zander und Hecht.
- ul. Roosevelta 1 | 11-700 Mrągowo
  Tel. 089/7 41 28 59
  www.chatamazurska.com

### Festival

Alljährlich am letzten Juliwochenende findet im Amphitheater am See das Festival Piknik Country mit internationalen Stars statt.

## Święta Lipka (Heiligelinde) **2** [G2]

Zwischen Mrągowo und Kętrzyn (nach 8 km links abbiegen) liegt die Wallfahrtskirche Heiligelinde. Der Legende zufolge erschien im Mittelalter einem zum Tode Verurteilten die Muttergottes und befahl ihm, ihr Ebenbild zu schnitzen. Man führte die Skulptur dem Richter vor, woraufhin dieser den Gefangenen freiließ. Auf dem Heimweg hängte der Glückliche die Skulptur an eine Linde, die Wunderkräfte entfaltete und zum Wallfahrtsort wurde.

Der Bau, den man heute in Święta Lipka sieht, ist bereits die dritte Kirche an dieser Stelle (1687 bis 1693). Die üppige, südländisch anmutende Barockarchitektur passt irgendwie nicht so recht in diese Gegend; ihr Schöpfer Georg Ertly war gebürtiger Tiroler. Die rote Fassade ist mit Säulen und Skulpturen plastisch gegliedert und zeigt eine Darstellung der Muttergottes am Lindenbaum.

Zum barocken Spektakel des Innenraumes gehören die illusionistischen Fresken (1722–1727) von Matthias Johann Meyer aus Heilsberg mit vorgetäuschten Marmorsäulen und einer gemalten Kuppel sowie die Orgel mit dem reich verzierten Prospekt. Das Instrument ist nicht nur für das Ohr ein Erlebnis, sondern auch für das Auge. Wenn die Ogiński-Polonaise erklingt, sollten Sie den Figurenschmuck über den Orgelpfeifen nicht aus den Augen lassen. **50 Dinge** (29) › **S. 15.**

Zu Mariä Himmelfahrt am 15. August herrscht eine besondere Stimmung, dann kommen Pilger von weither: Die religiöse Prozession ist der Auftakt zu einem großen Fest (Orgelvorführungen: Mai bis Sept. Mo–Sa stdl. 9.30–11.30, 13.30 bis 17.30, So 10, 12, 13.30, 15.30, 16.30, April, Okt. Mo–Sa 10, 12, 14, So 10, 12, 13, 15, Nov.–März Sa 10, 14, So 10, 12, 15 Uhr, Św. Lipka 29, 11-440 Reszel, Tel. 089/7 55 14 81, www.swlipka.pl).

# Wolfsschanze **3** [H2]

Mitten im dichten Wald, 7 km von Kętrzyn (Rastenburg), ließ sich Adolf Hitler 1940 sein Hauptquartier, die berüchtigte **Wolfsschanze** (Wilczy Szaniec) errichten. Die Anlage umfasste mehrere Betonbunker, zwischen den 5 m dicken Wänden von Bunker Nr. 13 lebte Hitler fast drei Jahre lang. Das Attentat vom 20. Juli 1944 überlebte er aber nur mit Glück: Die von Claus Graf Schenk von Stauffenberg zu einer Lagebesprechung in den Bunker eingeschmuggelte Bombe zerstörte zwar das Gebäude, aber ein massiver Eichentisch schützte Hitler vor der Explosion. Er wurde nur leicht

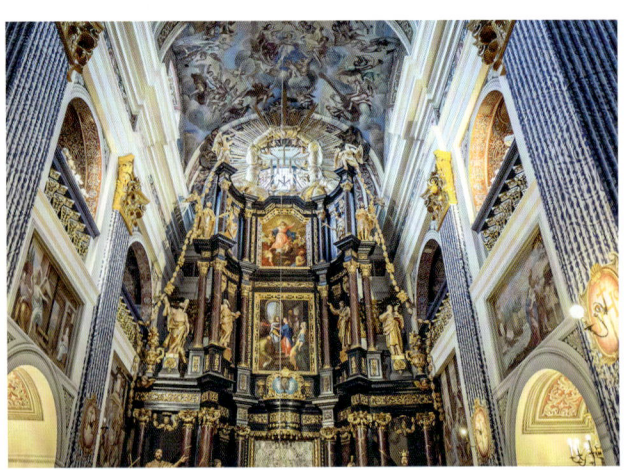

Der barocke Innenraum von Święta Lipka

verletzt, alle Beteiligten des Widerstands wurden später hingerichtet. An sie erinnert ein kleines, zweisprachiges Denkmal in Form eines Buches (Gierłoż, Kętrzyn, www.wilczyszaniec.olsztyn.lasy.gov.pl, tgl. 8 bis 20 Uhr, Eintritt 15/10 zł).

# Giżycko (Lötzen) 4 [H2]

Geborstener Betonbunker im Wald: das einstige Führerhauptquartier Wolfsschanze

Die Seglerhauptstadt Masurens (30 000 Einw.) ist mit Hotels, Campingplätzen und Restaurants ein wichtiges Touristenzentrum und hat den Vorteil, dass man von hier aus von einem See zum anderen schippern kann.

Die **Drehbrücke** am Lötzener Kanal ist die einzige ihrer Art in Polen, sechsmal täglich öffnet sie sich für Schiffe. Auf einer Landenge zwischen Talter See (Jezioro Tałty), Kissainsee (Jez. Kisajno) und Löwentinsee (Jez. Niegocin) gelegen, ist Giżycko für Segler aus Węgorzewo (Angerburg), Mikołajki (Nikolaiken) oder Ruciane-Nida leicht zu erreichen. Vom Stadthafen aus fahren im Sommer mehrmals täglich Ausflugsschiffe zu den genannten Städten (ul. Kolejowa 9, Tel. 087/4 28 25 78, www.zegluga mazurska.com).

Der benachbarte moderne Jachthafen Ekomarina am Löwentinsee bietet Liegeplätze und sanitäre Anlagen für Segler, Restaurant, Spielplatz und außerdem einen großen Campingplatz (ul. Dąbrowskiego 14, Tel. 087/4 20 94 30, www.ekomari nagizycko.pl, 15. April–15. Okt.).

An kriegerische Zeiten erinnert die **Festung Boyen** (Twierdza Boyen, 1844–1848) im Westen der Stadt, die 1914 in der deutsch-russischen Schlacht an den Masurischen Seen eine Schlüsselrolle spielte. Das Bollwerk dient z. T. als Freilichtbühne – an Sommerwochenenden treten hier Musikbands aus dem In- und Ausland auf – und kann besichtigt werden (ul. Turystyczna 1, http:// twierdza.gizycko.pl, Juli/Aug. 9–20, Mai/Juni, Sept. bis 19 Uhr, Eintritt 12/7 zł).

Sehenswert ist auch die evangelische **Pfarrkirche,** die 1827 nach Schinkels Einheitsentwurf für Dorfkirchen entstand (im Sommer Orgelkonzerte).

## Info

**Touristeninformation**
• ul. Wyzwolenia 2 | 11-500 Giżycko
Tel. 087/4 28 52 65
www.gizycko.pl

## Hotels

### St. Bruno €€€

Das 4-Sterne-Hotel bietet modernsten Komfort und ❗ die Geborgenheit einer Deutschordensburg aus der Mitte des 14. Jhs. gleich an der Drehbrücke über den Luczynski-Kanal.

- ul. Św. Brunona 1 | 11-500 Giżycko
  Tel. 087/7 32 65 00
  www.hotelstbruno.pl

### Helena €€

Direkt am Kissainsee, 2 km vom Stadtzentrum gelegenes Hotel mit Jachthafen Royal und Restaurant Biały Szkwał.

- al. Wojska Polskiego 58 | 11-500 Giżycko
  Tel. 087/4 29 22 09
  www.hotelhelena.pl

### Masovia €€

Gemütliches Hotel in einem um 1900 errichteten Backsteingebäude, mit Restaurant und Bar. Im Stadtzentrum nahe Ekomarina und Bahnhof.

- ul. Dąbrowskiego 8
  11-500 Giżycko
  Tel. 087/7 37 13 22
  www.hotelmasovia.pl

## Restaurant

### Tawerna Siwa Czapla

Gemütliches Holzhaus mit Terrasse und Blick auf den Jachthafen; unbedingt zu empfehlen ist die masurische Fischsuppe. **50 Dinge** ㉑ › S. 14.

- Nadbrzeżna 11 | 11-500 Giżycko
  Tel. 087/4 28 34 40

Im Lucknainer See nisten etwa 1300 UNESCO-geschützte Höckerschwäne

## Jezioro Mamry (Mauersee) 5 ⭐ [H2]

Mehrere kleine Seen im Norden von Giżycko bilden zusammen als Jezioro Mamry mit 104 km² den zweitgrößten polnischen See. Größer ist mit 114 km² nur noch der Jezioro Śniardwy (Spirdingsee) im Süden der masurischen Seenplatte bei Mikołajki. Neben dem eigentlichen Mauersee (Jez. Mamry) gehören der Kissain- (Kisajno), Dargeinen- (Dargin), Schwenzait- (Święcajty), Doben- (Dobskie) und der Lababsee (Łabap) dazu. Die Straße von Giżycko in nördlicher Richtung ist ganz dem Naturerlebnis gewidmet. Kormorane und Schreiadler sind hier keine Seltenheit.

Von Pozezdrze bietet sich ein Abstecher von rund 11 km nach **Sztynort** (Steinort) an, das idyllisch auf einer Halbinsel zwischen Mauer-, Kissain- und Lababsee liegt. Oberhalb vom großen Jachthafen steht das nach dem Zweiten Weltkrieg verfallende Anwesen der Familie Lehnsdorff, ein Gedenkstein erinnert an die einstigen Bewohner. Das Barockschloss wurde inzwischen notdürftig gesichert, die Wege und Sichtachsen im Park freigelegt. Im Hafen kann man Segel- oder Motorboote leihen und dann z.B. das Städtchen **Węgorzewo** (Angerburg) am Nordufer des Sees ansteuern, das auch bei Badeurlaubern beliebt ist (Tiga Yacht, Port Sztynort, Sztynort 11, 11-600 Węgorzewo, Tel. 087/4 27 51 80, www.tigayacht.pl). **50 Dinge** ① › S. 12.

### Hotel
**Pensjonat Sztynort** €€

Segler- und radlerfreundliche Unterkunft mit gemütlichen Zimmern gleich an der Marina, hoteleigenen Fahrrädern und Restaurant Tawerna Zęza.
- Sztynort 10 | 11-600 Węgorzewo
  Tel. 087/4 27 51 81
  www.pensjonatsztynort.pl

## Mikołajki (Nikolaiken) 6 [H2]

Das kleinste, aber wohl reizendste Zentrum Masurens ist Mikołajki (4000 Einw.). Das alte Städtchen der Fischer und Holzfäller hat sich zu einem Treffpunkt für Wassersportler entwickelt. Im Hafen wimmelt es im Sommer nur so von Segel-, Tret- und Paddelbooten sowie Kanus. Ausflugsschiffe legen u. a. zu Rundfahrten über den Spirdingsee (Jezioro Śniardwy), nach Ruciane-Nida und Giżycko ab (Tel. 087/4 28 25 78, www.zeglugamazurska.com).

Rund 4 km östlich von Mikołajki liegt der **Lucknainer See** (Jez. Łuknajno) [H2]. In dem Naturreservat nisten etwa 1300 Höckerschwäne – Europas größte Kolonie dieser Vogelart. Zwei Aussichtstürme am Südufer des Sees bieten eine gute Möglichkeit, die Schwäne zu beobachten.

### Hotel
**Mikołajki** €€€

5-Sterne-Luxushotel, das gegenüber vom Stadthafen in den Spierdingsee hineingebaut wurde. Tolle Saunalandschaft und Spa-Bereich.

- Aleja Spacerowa 11 | 11-730 Mikołajki
  Tel. 087/4 20 60 00
  www.hotelmikolajki.pl

**Pensjonat Tałty** €
Am Talter See, 24 Zimmer, Liegewiese
mit Badestrand und Bootssteg.
- ul. Tałty 19 | 11-730 Mikołajki
  Tel. 087/4 21 63 98
  www.pension-talty.de

### Restaurant
**Folwark Łuknajno** €
Gemütliches Gasthaus in einem alten
Gutshof etwas außerhalb am Lucknainer
See; auch zehn Gästezimmer.
**50 Dinge** ③ › S. 12.
- Łuknajno 2 | 11-730 Mikołajki
  Tel. 087/4 21 68 62
  www.luknajno.pl

# Puszcza Piska (Johannisburger Heide) 7 [H3]

Wenig südlich von Mikołajkis erstreckt sich der **Spirdingsee** (Jezioro
Śniardwy) [H2], der mit 114 km²
größte polnische See. An seinen
Ufern beginnt der größte Wald Masurens, die **Johannisburger Heide**
(Puszcza Piska). Rehe und Hirsche
bevölkern die endlosen Kiefernwälder. Mittendrin liegt die Perle Masurens, der **Niedersee** (Jez. Nidzkie)
[H3], ein Geheimtipp, zumal in weiten Teilen Motorboote verboten
sind. Der schönste Blick auf den See
bietet sich am Ufer südlich der Ort-
schaft Wiartel, und man versteht,
warum diese Region auch die Große
Wildnis genannt wird.

Alle Erzählungen Ernst Wie-
cherts (1887–1950) kreisen um seine ostpreußische Waldheimat. Ein
kleines Museum im Forsthaus
Kleinort, wo Wiechert zur Welt
kam, lässt den Besucher seine Bücher mit anderen Augen lesen
(Piersławek bei Piecki, Mo–Fr 10 bis
16, So 11–14 Uhr).

### Hotels
**Galindia** €€€
Rustikal eingerichtetes Hotel mit Boots-,
Rad- und Surfbrettverleih am Beldahn-
see, einer prußischen Festung nachemp-
funden; mit Höhlen-Restaurant.
- Bartlewo 1 | 12-220 Ruciane-Nida
  Tel. 087/4 23 16 69
  www.galindia.com.pl

**Potocki Gałkowo** €€
Die Zimmer befinden sich in einem rekonstruierten Forstgehöft und Holzhäusern von Altgläubigen, das Restaurant in
einem historischen Bau aus dem 19. Jh.,
der von Steinort hierher in die Johannisburger Heide versetzt wurde, und an die
deutsche Journalistin Marion Gräfin
Dönhoff erinnert. Gegenüber bietet das
Gestüt Ferenstein Gelegenheit zum Rei-
ten. **50 Dinge** ⑲ › S. 14.
- Gałkowo 46 | 12-220 Ruciane-Nida
  Tel. 087/4 25 70 73 | www.galkowo.pl

# Ruciane-Nida (Rudschanny) 8 [H3]

Der einzige größere Ort in der Johannisburger Heide (5000 Einw.)
lebt von der Holzindustrie und vom
Fremdenverkehr. Der Rest ist noch
Natur pur, nur gelegentlich stößt

man auf kleine Walddörfer. Wanderer finden ein dichtes Netz an markierten Wegen; Schiffe der Weißen Flotte schippern über die Seen.

# Krutyń (Krutinnen) 9 ⭐ 12 [G3]

Das Dorf mit seinen hübschen Holzhäusern (19. Jh.) ist eine wichtige Zwischenstation auf der einwöchigen Krutynia-Paddeltour, die in Sorkwity startet und bis zur Mündung des Flüsschens in den Bełdanysee und nach Mikołajki führt. Da sich die wenigsten auf dieses Abenteuer einlassen wollen, werden im Dorf Kurztrips organisiert: Einheimische staken Touristen in Booten auf der zauberhaften **Krutynia** (Krutinna). Der Wald, durch den sie fließt, verdichtet sich stellenweise zu einem grünen Tunnel. Die Stille ist beinahe vollkommen.

Wer lieber selbst zum Paddel greift, leiht sich in Krutyń ein Boot und lässt sich samt Boot an einer der folgenden Stationen (z.B. in Ukta) abholen. Diesen Rückholservice bietet u.a. das Hotel Habenda › **unten**. Die Angebote gelten von April bis September; nähere Infos erhält man bei **Perkun**, Krutyń 4, Mobiltel. 600/42 78 68, www.krutynia.com.pl. **50 Dinge** 10 › S. 13.

## Hotel
**Habenda** €€
Gemütliche Zimmer, 50 m vom Fluss; Neben geführten Rad- und Paddeltouren auch Verleih von Rädern und Booten, mit Zubringer- und Abholservice.
• Krutyń 42 | 11-710 Piecki
Tel. 089/7 42 12 18
www.habenda.com

Fahrt durch einen grünen Tunnel: Paddeltour auf der Krutynia

# EXTRA-
# TOUREN

#  Längs der Pommerschen Küste: Von Stettin nach Danzig in einer Woche

**Route: Stettin › Międzyzdroje › Kołobrzeg › Łeba › Hel › Danzig**

**Karte:** Klappe hinten

**Distanzen: Stettin › Międzyzdroje** 90 km (2 Übernachtungen); **Międzyzdroje › Kołobrzeg** 100 km (2 Übernachtungen); **Kołobrzeg › Łeba** 186 km (2 Übernachtungen); **Łeba › Danzig** 190 km (Übernachtung); insges. 566 km

**Verkehrsmittel:**

Die Tour lässt sich am besten mit dem Auto unternehmen. Die Alternative: Per Zug fahren Sie von Stettin nach Międzyzdroje, weiter per Bus bis Kołobrzeg, ab dort per Zug nach Słupsk und Łeba. Falls am Reisetag ein Schiff von Łeba nach Władysławowo fährt, ist dies eine Chance, den wilden Teil der polnischen Ostseeküste vom Wasser aus zu erleben. Falls nicht, nehmen Sie den Bus nach Hel.

Geschichte, Kultur und Natur: Kein Aspekt kommt auf dieser Tour zu kurz. Sie beginnt in **Stettin** › S. 52, wo Sie sich auf die Küste einstimmen, einen Bummel durch die Altstadt und über die Hakenterrasse unternehmen. Bleibt Zeit, lohnt eine Schiffstour durch die Hafenanlagen. Von Stettin geht es durch eine Wald- und Heidelandschaft nordwärts zur Küste, auf der E 65 via Wolin ins Seebad **Międzyzdroje** › S. 60. Am nächsten Tag können Sie entspannen: Spazieren Sie am Fuß der spektakulären Kliffküste entlang, erkunden Sie per Rad den Woliner Nationalpark, besuchen Sie das Wisent-Gehege und setzen Sie mit einem Ausflugsschiff nach Świnoujście über.

Am folgenden Tag fahren Sie auf der küstennahen Straße 102 quer durch den Nationalpark und verlassen die Insel Wolin über eine Zugbrücke. Ein Abstecher nach **Kamień Pomorski** › S. 63 lohnt wegen der Lage des Städtchens am Haff und seiner 1000-jährigen Kathedrale. Beim nächsten Stopp, **Trzęsacz** › S. 63, thront eine Kirchenruine verwegen am Abgrund – spektakulär ist der Blick über die Kliffküste. Über **Trzebiatów,** ein mittelalterliches Hansestädtchen, erreichen Sie den Badeort **Kołobrzeg** › S. 68. Genießen Sie dort am nächsten Tag Sandstrand und Altstadt. Dafür können Sie auf der folgenden Strecke – nun auf der E 11 – Gas geben, auch Koszalin getrost durchfahren. Weiter geht es – auf der Straße 203 – am Bukowosee vorbei nach **Darłowo** › S. 70. Sehen Sie sich das Schloss des »letzten Wikingers« an und fahren Sie weiter nach Ustka, von wo eine Fischereiflotte auf Fang geht. **Słupsk** › S. 71, 18 km landeinwärts, bietet Abwechslung mit einer hervorragenden Sammlung moderner Kunst. Von **Łeba** › S. 73 aus erkunden Sie den

Auch abseits der Küste bieten sich stimmungsvolle Landschaftsbilder

Hel – Meer, so weit das Auge reicht

Słowiński-Nationalpark › **S. 73**: Wanderdünen, Silberseen und schier endlose Sandstrände. Eine Bootstour führt Sie über den Łebskosee nach Kluki zum Slowinzischen Freilichtmuseum.

Fahren Sie auf der Straße 214 nach Wicko und folgen der 213 ostwärts. Ein Zwischenstopp lohnt in **Krokowa** › **S. 74**, bevor Sie via Władysławowo auf die weit in die Danziger Bucht ragende **Halbinsel Hel** gelangen: eine Traumstraße mit Meerblick nach links und rechts; an ihrem Endpunkt liegt das Dorf **Hel** mit seiner Robbenstation › **S. 77**. Zuletzt geht es über Władysławowo nach **Danzig** › S. 82.

## Von der Danziger Bucht ostwärts in einer Woche

Tour 15

**Route:** **Danzig** › **Krynica Morska** › **Elbląg** › **Frombork** › **Lidzbark Warmiński** › **Giżycko** › **Mikołajki** › **Masurischer Landschaftspark** › **Mrągowo** › **Olsztyn** › **Malbork** › **Danzig**

**Karte:** Klappe hinten

**Distanzen:** **Danzig** › **Elbląg** 108 km (Übernachtung); **Elbląg** › **Lidzbark Warmiński** 132 km (Übernachtung); **Lidzbark Warmiński** › **Mikołajki** 96 km (2 Übernachtungen); **Mikołajki** › **Krutyń** 40 km (Übernachtung); **Krutyń** › **Olsztyn** 91 km (Übernachtung); **Olsztyn** › **Malbork** 166 km (Übernachtung); **Malbork** › **Danzig** 60 km; insgesamt 690 km

**Verkehrsmittel:**

Auch dies ist eine Pkw-Tour. Es geht aber auch, allerdings teils mühsam, mit öffentlichen Verkehrsmitteln: Per Bus reisen Sie von Danzig nach Krynica Morska, von wo Sie übers Frische Haff nach Elbląg übersetzen (Juli–Aug.). Von dort kommen Sie per Bus leicht nach Frombork, dann wird es schwieriger. Mit dem Bus geht es weiter via Braniewo nach Lidzbark Warmiński und Kętrzyn, von dort per Bus (selten) oder Taxi zur Wolfsschanze. Zurück in Kętrzyn: Fahren Sie mit dem Bus Giżycko › Mikołajki › Ruciane-Nida › Krutyń › Mrągowo › Olsztyn, ab dort mit dem Zug nach Ostróda und nach Elbląg.

Verträumte Dörfer, luftige Alleen und weite Landschaften: Willkommen in Polens Osten! Von **Danzig** › **S. 82** fahren Sie auf die von zwei Weichselarmen umflossene Insel Sobieszewo (Straße 501) und setzen mit einer Pendelfähre auf die Frische Nehrung über: Der teilweise nur 500 m breite Landstreifen zwischen Haff und Danziger Bucht lädt mit weißen Sandstränden zum Baden ein. Mit der dunklen Seite jüngerer deutscher Geschichte wird man in **Sztutowo** › **S. 126** konfrontiert; Badefreuden können Sie in **Krynica Morska** › **S. 126** genießen – wenn Sie wollen, sogar hüllenlos. Via Nowy Dwór Gdański gelangen Sie nach **Elbląg** › **S. 124** mit seiner Retro-Altstadt und guten Quartieren.

Am nächsten Tag ist frühes Aufstehen angesagt, denn die Strecke ist lang und gespickt mit Sehenswürdigkeiten. Über die Elbinger Höhen geht es auf der Straße 503 nach **Frombork** › **S. 127** mit seinem weiten Blick übers Haff. Hier wirkte Nikolaus Kopernikus als Domherr viele Jahre an der Kirche. Anschließend gelangen Sie auf Nebenstraßen (Nr. 505/509/513) durch das gewellte Ermland südostwärts nach **Lidzbark Warmiński** › **S. 128**, wo der geniale Astronom in einer mächtigen Ordensburg residierte.

Über Reszel, das mit einer gotischen Burg aufwartet, kommt man nach **Święta Lipka** › **S. 139**. Mit einer barock-verspielten Wallfahrtskirche bildet es einen Gegenpol zur dominanten Backsteingotik der Region. Die Kleinstadt Kętrzyn ist der Durchgangsort **Wolfsschanze** (Gierłoż) › **S. 141**: Hitlers Führerhauptquartier ist heute eine dschungelhaft überwucherte Bunkerlandschaft. Auf Straße 592 erreichen Sie dann das zwischen den beiden »masurischen Meeren« gelegene **Giżycko** › **S. 141**. Trotz seiner guten Lage ist das Städtchen weniger attraktiv als **Mikołajki** › **S. 143**, weshalb man besser dort übernachten sollte.

Die Masurischen Seen sind ein Paradies für Freizeitkapitäne

Spaß machen ein Bummel über die Seepromenade, eine ausgedehnte Bootstour auf dem Spirdingsee sowie eine Wanderung nach Łuknajno, zum UNESCO-Reservat für Höckerschwäne. Steigen Sie abends auf einen der beiden Aussichtstürme, von denen man den besten Blick hat!

Die nächste Etappe bringt Sie durch den Masurischen Landschaftspark: Von Mikołajki fahren Sie auf Straße 609 südwärts und biegen nach 1 km links in die Asphaltpiste nach Wierzba ein. Mit einer Mini-Autofähre, die im Halbstundentakt verkehrt, setzen Sie auf die **Halbinsel Popielno** über, wo Sie eine Tarpanpferdezucht besuchen können. Anschließend erreichen Sie auf einer Waldstraße **Ruciane-Nida** › **S. 144**.

Ein Aufenthalt lohnt in **Krutyń** › **S. 145**, im Zentrum des Masurischen Landschaftsparks: Hier können Sie sich auf der kristallklaren Krutynia staken lassen, selber zum Paddel greifen oder auf markierten Naturlehrpfaden die urwüchsige Umgebung erkunden.

Über **Piecki** mit einem Museum zu Ehren des Heimatdichters Ernst Wiechert kommen Sie via **Mrągowo** › **S. 139** in die Provinzhauptstadt **Olsztyn** › **S. 130** mit einer kleinen, aber attraktiven Altstadt und einem Burgmuseum, das Nikolaus Kopernikus gewidmet ist.

Die letzte Etappe ist nicht nur reich an Seen, sondern auch an Burgen – mächtigen Zeugen des untergegangenen Ordensstaates. Über **Ostróda** › **S. 132** geht es via **Iława** › **S. 133** nach **Kwidzyn** › **S. 115** und von dort parallel zur fruchtbaren Weichselniederung nach **Malbork** › **S. 116**. Die vorbildlich wieder hergerichtete Marienburg, einst Hauptsitz der Ordensritter, ist heute eine der Hauptattraktionen Polens, für die Sie sich Zeit nehmen sollten. Am schönsten ist sie kurz vor Sonnenuntergang. Wer im Burghotel absteigt, ist da natürlich privilegiert. Zurück nach **Danzig** geht es über Tczew, wo Sie auf einer imposanten Brücke die breite Weichselniederung queren.

Bei Kanu- und Bootstouren lernt man Masuren auf ganz besondere Art und Weise kennen

**SPECIAL**

# Europäische Rad-, Wander- und Kunstwege

Der **Europäische Fernwanderweg E 9** startet in Spanien, führt dann an Nord- und Ostsee entlang und erreicht Polen am Grenzübergang Ahlbeck/Świnoujście im Osten Usedoms. Mit einem rot-weißen Balken markiert, zieht er sich 542 km die Küste entlang. Ein erstes Highlight wartet kurz hinter der deutsch-polnischen Grenze: Im Nationalpark Wolin verläuft der E 9 am Fuß steiler Klippen – das Stück ist identisch mit der auf › S. 51 (im umgekehrter Richtung) beschriebenen Tour. Einen zweiten Höhepunkt erlebt man hinter Ustka: Auf 30 km Länge türmen sich haushohe Dünen, die große Strandseen vom Meer abschirmen › S. 65. Bei Dębki verlässt der E 9 die Küste und führt über die waldreichen kaschubischen Hügel via Puck nach Danzig.

Auf dem **Europäischen Radweg R1** (www.euroroute-r1.de) erreicht man in Köstrin/Kostrzyn polnischen Boden. Der Weg, der auf asphaltierten, meist verkehrsarmen Straßen verläuft, führt quer durch die Tiefebene parallel zu den Flüssen Warthe (Warta) und Netze (Noteć). Gut zu wissen: Wer müde wird, kann längere Strecken im Zug Berlin–Danzig zurücklegen. In Bydgoszcz schwenkt der R1 nordwärts ein und folgt dem Lauf der Weichsel (Wisła) über Chełmno und Malbork bis Elbląg. Von dort geht es über Hügel bis Braniewo, wo der Radweg nach 682 km in Polen die russische Grenze erreicht.

Die **Europäische Route der Backsteingotik** (www.eurob.org) führt von Stettin über Kołobrzeg und Słupsk nach Danzig und verbindet all jene Städte, die mit gewaltigen Backsteinkirchen, festungsartigen Rathäusern und Bürgerpalästen aus der Blütezeit der Hanse aufwarten.

# Infos von A–Z

## Ärztliche Versorgung

Auskunft über ärztliche Hilfe erhält man unter Tel. 94 39. Bei Notfällen wird man im Krankenhaus sofort behandelt, muss die Kosten aber eventuell erstmal bar zahlen. Nach der Rückkehr übernimmt die deutsche gesetzliche Krankenversicherung nur die Kosten, die für eine Behandlung in Deutschland angefallen wären. Außer der datierten Quittung muss man Nachweise über Art und Umfang der Behandlung erbringen; auch der Name des behandelnden Arztes muss aufgeführt sein. Um völlig abgesichert zu sein, empfiehlt sich der Abschluss einer privaten Reisekrankenversicherung.

Medikamente bekommt man in der *Apteka* (10–19 Uhr, Notfallapotheken sind an der Tür jeder Apotheke ausgewiesen).

Seit Polens EU-Beitritt übernehmen einige deutsche Krankenkassen Kurleistungen im Nachbarland. Wollen Sie diese in Anspruch nehmen (z.B. in den Seebädern Świnoujście, Międzyzdroje und Kołobrzeg), so erkundigen Sie sich unbedingt vor der Reise bei Ihrer Krankenkasse nach den Modalitäten.

## Barrierefreies Reisen

Neubauten verfügen standardmäßig über barrierefreie Zugänge, behindertengerechte Toiletten und Markierungen für Sehbehinderte. Über geeignete Unterkünfte, Restaurants, Kultur- und Sportangebote sowie Touren informiert www.turystykadlawszystkich.pl.

## Devisenbestimmungen

Sowohl Złoty als auch fremde Währungen können in beliebiger Höhe ein- und ausgeführt werden (Ausfuhr nicht höher als Einfuhr).

## Diplomatische Vertretungen

- **Botschaften und Konsulate der Republik Polen:**
**In Deutschland:** Polnische Botschaft, Lassenstr. 19–21, 14193 Berlin, Tel. 030/22 31 30, http://berlin.msz.gov.pl. Generalkonsulate: Röntgenstr. 5, 81679 München, Tel. 089/4 18 60 80, Fax 47 13 18; Gründgensstr. 20, 22309 Hamburg, Tel. 040/61 18 70, Fax 6 32 50 30; Lindenallee 7, 50968 Köln, Tel. 02 21/93 73 00, Fax 38 50 74. **In Österreich:** Botschaft, Hietzinger Hauptstr. 42 c, 1130 Wien, Tel. 01/8 70 15-0, http://wieden.msz.gov.pl. **In der Schweiz:** Botschaft, Elfenstr. 20 a, 3006 Bern 15, Tel. 031/3 58 02 02, http://berno.msz.gov.pl.

- **Diplomatische Vertretungen in Polen:**
**Deutsche Botschaft:** 00-467 Warszawa, ul. Jazdów 12, Tel. 022/5 84 17 00, www.warschau.diplo.de. Generalkonsulat: 80-219 Gdańsk, al. Zwycięstwa 23, Tel. 058/3 40 65 00, www.danzig.diplo.de **Österreichische Botschaft:** 00-748 Warszawa, ul. Gagarina 34, Tel. 022/8 41 00 81/-82/-83/-84, www.ambasadaaustrii.pl. **Schweizer Botschaft:** 00-540 Warszawa, al. Ujazdowskie 27, Tel. 022/6 28 04 81/-82, www.eda.admin.ch.

## Ein- und Ausreise

EU-Bürger benötigen wie überall in der EU einen gültigen Personalausweis. Für Nicht-EU-Bürger ist ein Reisepass erforderlich. Seit Polen dem Schengener Abkommen beigetreten ist, wird an der deutsch-polnischen Grenze nur noch stichprobenartig kontrolliert.

## Feiertage

1. Jan. (Neujahr), Ostermontag, 1. Mai, 3. Mai (Tag der Verfassung von 1791), Pfingstmontag, Fronleichnam, 15. Aug. (Mariä Himmelfahrt), 1. Nov. (Allerheiligen), 11. Nov. (Jahrestag der Unabhängigkeit 1918) sowie 25. und 26. Dez. (Weihnachten) sind arbeitsfreie Tage.

## Haustiere

Zur Mitnahme von Haustieren ist ein EU-Heimtierpass mitzuführen, der auch die gültige Tollwutimpfung nachweist. Außerdem muss das Tier mit einem Mikrochip gekennzeichnet sein.

## Informationen

**Polnisches Fremdenverkehrsamt:**
- Hohenzollerndamm 151, D-14199 Berlin, Tel. 030/2100920, www.polen.travel
- Fleschgasse 34/2 a, 1030 Wien, Tel. 01/5 24 71 91, www.polen.travel

Vor Ort in Polen bekommen Sie Auskünfte bei den Touristeninformationen *(Informacja turystyczna)*, abgekürzt IT.

## Kriminalität

In Polen bewegt sich die Kriminalitätsrate auf einem europäischen Durchschnittsniveau. Zur eigenen Sicherheit sollte man keine größeren Geldbeträge, Wertgegenstände oder wichtigen Dokumente mit sich herumtragen. Lassen Sie auf keinen Fall Wertgegenstände oder Jacken offen im Auto liegen, wenn Sie parken. Gehen Sie im Fall eines Verbrechens, wie z. B. Diebstahl oder Körperverletzung, zum nächsten Polizeirevier und melden Sie den Vorfall. Wenn

Sie Ihre Dokumente verlieren, melden Sie dies sobald wie möglich der Polizei und Ihrer Botschaft oder dem Konsulat.

## Notruf

- Polizei, Feuerwehr, Ambulanz (EU-weit Festnetz und mobil): Tel. 112
- Pannenhilfe: Tel. 96 37
  Diese Nummern sind von öffentlichen Telefonzellen gratis anwählbar.
- Touristennotruf zur Urlaubssaison: Unter den Nummern 0 800 200 300 (nur von einem Festanschluss, gebührenfrei) oder 0 608 599 999 (vom Handy und Festanschluss, gebührenpflichtig) können Ratsuchende vom 1. Juni–30. Sept. tgl. von 10–22 Uhr den Service in deutscher Sprache nutzen. Hilfe gibt es z. B. bei Sprachproblemen, einem Fahrzeugschaden oder anderen Schwierigkeiten. Durch die enge Zusammenarbeit mit der Polizei kann auch bei Notfällen schnell eingegriffen werden. Der Notruf für Touristen ersetzt nicht die allgemeinen Notrufnummern.

## Öffnungszeiten

In Polen gibt es keine gesetzlichen Öffnungszeiten. Lebensmittelgeschäfte haben meistens Mo–Fr 6–19 Uhr geöff-

| Urlaubskasse | |
|---|---|
| Tasse Kaffee | 1,50–2,50 € |
| Softdrink (Cola, Mineralwasser | 1,50–2,50 € |
| Glas Bier 0,5 l | 1,20–2,90 € |
| Bratwurst | 2 € |
| Eis | 1,20–1,70 € |
| Taxifahrt (Kurzstrecke, 10 km) | 10 € |
| Mietwagen/Tag (Peugeot 206 ohne km-Begrenzung) | ab 40 € |

net, einige länger; sonstige Geschäfte 11–18 bzw. 19 Uhr, Sa 10–14 Uhr; Banken Mo–Fr 8–18 Uhr; Wechselstuben 9–18 Uhr (auch Sa 10–14 Uhr), einige durchgehend, z. B. im Danziger Hauptbahnhof; Ämter und Behörden Mo–Fr 8–15 Uhr. Große Shoppingmalls in Stettin und Danzig sind werktags und sonntags bis 22 Uhr geöffnet.

### Post

Briefmarken (*znaczki*) sind in allen Postämtern erhältlich. Postämter sind Mo–Fr 10–18 und Sa 9–14 Uhr geöffnet, in Großstädten hat die jeweilige Hauptpost längere Öffnungszeiten. Postkarten und Briefe nach Deutschland kommen nach rund einer Woche an.

### Rauchen

Seit Ende 2010 gilt in Polen ein absolutes Rauchverbot an Schulen, in Museen oder Theatern, in öffentlichen Verkehrsmitteln, auf Bahnhöfen oder an Bushaltestellen, in Krankenhäusern und auf Spielplätzen. Wer sich nicht daran hält, muss mit Geldstrafen rechnen. In Restaurants, Bars oder Gaststätten ist Rauchen nur noch in separaten Räumen erlaubt, in denen für eine ausreichende Belüftung gesorgt wird.

### Telefon

- **Telefonkarten** (zwei Sorten; bei einer muss man das Eckchen abreißen) verkaufen die Postämter.
- Mit **GSM-Handys** telefoniert man in Polen problemlos.
- **Inlandsauskunft**: 9 11 (9 13 innerhalb des Ortsnetzes).
- **Vorwahlen**: Warschau 0 22, Danzig 0 58, Stettin 0 91. Deutschland erreicht man über die 00 49, gefolgt von der deutschen Ortsvorwahl ohne die Null; Österreich hat die 00 43, die Schweiz 00 41. Aus Deutschland nach Polen wählt man 00 48.

**Achtung!** Beim Telefonieren innerhalb Polens muss auch im Nahbereich immer die dreistellige Ortsvorwahl mitgewählt werden.

### Trinkgeld

Die Preise enthalten ein Bedienungsgeld. In den Restaurants werden aber, ähnlich wie in Deutschland, etwa 10 % des Rechnungsbetrags als Anerkennung für guten Service erwartet. Auch Zimmermädchen und Taxifahrer hoffen auf ein Trinkgeld.

### Währung und Geldwechsel

Derzeit (März 2018) gibt es für 1 € 4,19 Złoty, für 1 CHF 3,59 Złoty.

Die gängigen Kreditkarten haben sich in den meisten Hotels, den besseren Restaurants und vielen Geschäften sowie Tankstellen durchgesetzt. In allen Städten und in Feriengebieten gibt es Geldautomaten.

Vorsicht ist bei der Nutzung von EC-Karten und Kreditkarten angebracht. An Geldautomaten kann man Bargeld nach dem sicheren Garantiekurs oder dem vermeintlichen unsicheren Tageskurs abheben. Auf jeden Fall sollte man den tagesaktuellen Kurs wählen, denn er ist in der Regel um 10 % günstiger. Auch bei Zahlungen mit der Kreditkarte sollte man immer auf einer Abrechnung in Złoty bestehen, da sonst das eigene Konto nach dem ungünstigeren Eurokurs belastet wird.

### Zollbestimmungen

Es gelten die Zollbestimmungen der EU (www.zoll.de). Gegenstände aus der Zeit vor 1945 (z. B. Bücher, Kunstgegenstände, Schmuck oder Möbel) dürfen aus Polen nur mit einer Genehmigung des Denkmalkonservators der jeweiligen Woiwodschaft oder aber der Nationalbibliothek in Warschau ausgeführt werden.

# Register

## Bildnachweis

**Coverfoto:** Im Hafen von Jastarnia, Hel © mauritius images/Alamy/Pawel Kazmierczak
**Fotos Umschlagrückseite:** © Shutterstock/Nightman1965 (links); Stankiewicz, Thomas (Mitte); LOOK-foto/age Fotostock (rechts)

Alamy Stock Photo: 43; Alamy Stock Photo/Slawek Staszczuk: 26; fotolia/Artur Bogacki: 53; fotolia/Rafal Cegielski: 77; fotolia/ysuel: 115; Ralf Freyer: 37, 87, 142; Getty Images/Maria Svärd: 78; Susanne Heuer: 9 unten; Huber Images/Luca Gusso: 25; Huber Images/Mehlig: 39, 145; Huber Images/Hans-Peter Merten: 83; Huber Images/Reinhard Schmid: 20/21, 35, 57, 102, 135; Jahreszeiten Verlag/Lukas Spörl: 69; laif/Tobias Gerber: 150; laif/Kreuels: 64; laif/Redux/The NewYorkTimes: 111; LOOK-foto/age footstock: 6/7, 46/47, 108, 117; LOOK-foto/ Klaus-Gerhard Dumrath: 59; LOOK-foto/Thomas Stankiewicz: 17; Mauritius Images/age: 129; Mauritius Images/Alamy: 48, 66, 133; Mauritius Images/Curtis: U2-2; Mauritius Images/Hiroshi Higushi: 94; Mauritius Images/imagebroker: 93, 126; Mauritius Images/Henryk Thomasz Kaiser: 134; Mauritius Images/Ulrich Kerth: 16; Mauritius Images/Manfred Mehlig: U2-4, 123; Mauritius Images/John Warburton-Lee: 120; Renate Nöldeke: 8 oben, 9 oben, 10; Polnisches Fremdenverkehrsamt: U2-3, 13, 27, 31, 62, 74; Shutterstock/AlesiaKan: 131; Shutterstock/Artur Bogacki: 81; Shutterstock/Igor Boldyrev: 92; Shutterstock/chrupka: 91; Shutterstock/Darq: 76; Shutterstock/gubernat: 97; Shutterstock/Mariusz S. Jurgielewicz: 69, 100; Shutterstock/Pawel Kazmierczak: 146, 148; Shutterstock/Kogen_Hansen: 127; Shutterstock/Patryk Kosmider: 88; Shutterstock/Tomasz Kubis: 40/41; Shutterstock/Ikoimages: 29; Shutterstock/Mike Mareen: U2-1; Shutterstock/ Jan Miko: 119; Shutterstock/Nahlik: 116; Shutterstock/Neirfy: 107; Shutterstock/Niedzwiedzki: 84; Shutterstock/alicja neumiler: 125; Shutterstock/Nightman1965: 32/33; Shutterstock/Andrzej Rostek: 54; Shutterstock/sashk0: 99; Shutterstock/Stepniak: 71; Shutterstock/Mariusz Switulski: 72; Shutterstock/Pawel Szczepanski: 14; Shutterstock/Robert Szymanski: 140; Shutterstock/Voyagerix: 90; Shutterstock/Bartosz Zakrzewski: 61; Shutterstock/Maciej Zych: 8 unten; stock.adobe.com/Fotokon: 139; stock.adobe.com/majonit: 132; Thomas Stankiewicz: 44; Tomasz Torbus: 113, 138.

Liebe Leserin, lieber Leser,
wir freuen uns, dass Sie sich für diesen POLYGLOTT on tour entschieden haben.
Unsere Autorinnen und Autoren sind für Sie unterwegs und recherchieren sehr gründlich, damit Sie mit aktuellen und zuverlässigen Informationen auf Reisen gehen können. Dennoch lassen sich Fehler nie ganz ausschließen. Wir bitten Sie um Verständnis, dass der Verlag dafür keine Haftung übernehmen kann.

Ihre Meinung ist uns wichtig. Bitte schreiben Sie uns:
**GRÄFE UND UNZER VERLAG**
Postfach 86 03 66, 81630 München, Tel. 0 89 / 419 819 41
www.polyglott.de

**LESERSERVICE**
polyglott@graefe-und-unzer.de
Tel. 0 800 / 72 37 33 33 (gebührenfrei in D, A, CH), Mo–Do 9–17 Uhr, Fr 9–16 Uhr

### 1. aktualisierte Auflage 2018

© 2018 GRÄFE UND UNZER VERLAG GmbH, München
Dieses Buch wurde auf chlorfrei gebleichtem Papier gedruckt.
ISBN 978-3-8464-0325-9

Alle Rechte vorbehalten. Nachdruck, auch auszugsweise, sowie die Verbreitung durch Film, Funk, Fernsehen und Internet, durch fotomechanische Wiedergabe, Tonträger und Datenverarbeitungssysteme jeglicher Art nur mit schriftlicher Genehmigung des Verlages.

**Bei Interesse an maßgeschneiderten POLYGLOTT-Produkten:**
gabriella.hoffmann@graefe-und-unzer.de

**Bei Interesse an Anzeigen:**
KV Kommunalverlag GmbH & Co KG
Tel. 089/928 09 60
info@kommunal-verlag.de

**Redaktionsleitung:** Grit Müller
**Verlagsredaktion:** Anne-Katrin Scheiter
**Autorin:** Renate Nöldeke, Tomasz Torbus, Daria Langer (Original)
**Redaktion:** Elke Sagenschneider
**Bildredaktion:** Nafsika Mylona
**Mini-Dolmetscher:** Langenscheidt
**Layoutkonzept/Titeldesign:**
fpm factor product münchen
**Karten und Pläne:** Theiß Heidolph und Kunth Verlag GmbH & Co. KG
**Satz:** Tim Schulz, Mainz
**Herstellung:** Anna Bäumner
**Druck und Bindung:**
Printer Trento, Italien

PEFC/18-31-506

GRÄFE
UND
UNZER

*Ein Unternehmen der*
GANSKE VERLAGSGRUPPE

# Mini-Dolmetscher Polnisch

## Allgemeines

| | |
|---|---|
| Guten Morgen. | Dzień dobry. [dschjen_dobrih] |
| Guten Abend. | Dobry wieczór. [dobrih_wjetschur] |
| Hallo! | Cześć! [tscheschtsch] |
| Wie geht's? | Co słychać? [zo_swichatsch] |
| Danke, gut. | Dziękuję, dobrze. [dschiēkujē dobsehe] |
| Ich heiße ... | Nazywam się ... [nasiwam_schjē] |
| Auf Wiedersehen. | Do widzenia. [do_widsenja] |
| Morgen | rano [rano] |
| Nachmittag | popołudnie [popowudnie] |
| Abend | wieczór [wjetschur] |
| Nacht | noc [noz] |
| morgen | jutro [jutro] |
| heute | dzisiaj [dschischaj] |
| gestern | wczoraj [ftschoraj] |
| Sprechen Sie Deutsch / Englisch? | Czy pan (m.) / pani (w.) mówi po niemiecku / angielsku? [tschih_pan / pani muwi po njemjezku / angjelsku] |
| Wie bitte? | Słucham? [ßwucham] |
| Ich verstehe nicht. | Nie rozumiem. [nje_rosumjem] |
| Sagen Sie es bitte noch einmal. | Proszę powtórzyć jeszcze raz. [proschē poftusehihtsch jeschtsche ras] |
| ..., bitte. | ..., proszę. [proschē] |
| Danke. | Dziękuję. [dschiēkujnē] |
| Keine Ursache. | Nie ma za co. [nje_ma_sa_zo] |
| was / wer / welcher | co / kto / jaki [zo / kto / jaki] |
| wo / wohin | gdzie / dokąd [gdschje / dokād] |
| wie / wie viel | jak / ile [jak / ile] |
| wann / | kiedy / jak długo |
| wie lange | [kjedih / jak dwugo] |
| Wie heißt das? | Jak to się nazywa? [jak_to_schjē_nasiwa] |
| Wo ist ...? | Gdzie jest ...? [gdschje jest] |
| Können Sie mir helfen? | Czy może mi pan (m.) / pani (w.) pomóc? [tschih mosehe mi pan / pani pomuz] |
| ja | tak [tak] |
| nein | nie [nje] |
| Entschuldigen Sie. | Przepraszam. [pscheprascham] |
| Das macht nichts. | Nie szkodzi. [nje_schkodschi] |

## Shopping

| | |
|---|---|
| Wo gibt es ...? | Gdzie można kupić ...? [gdschje mosehna kupitsch] |
| Wie viel kostet das? | Ile kosztuje? [ile koschtuje] |
| Ich nehme es. | Ja to wezmę. [ja_to_wesmē] |
| Wo ist eine Bank? | Gdzie jest bank? [gdschje_jest_bank] |
| Geben Sie mir 100 g Käse, bitte. | Proszę o sto gramów sera żółtego. [proschē_o_sto_gramuf ßera sehuwtego] |
| Haben Sie deutsche Zeitungen? | Czy ma pan (m.) / pani (w.) niemiecką gazetę? [tschih_ma_pan / pani njemjezkā gasetē] |
| Wo kann ich telefonieren / eine Telefonkarte kaufen? | Gdzie mogę zatelefonować / kupić kartę telefoniczną? [gdschje mogē satelefonowatsch / kupitsch kartē telefonitschnā] |

## Essen und Trinken

| | |
|---|---|
| Die Speisekarte, bitte. | Proszę o jadłospis. [proschē o_jadwospis] |
| Brot | chleb [chlep] |
| Kaffee | kawa [kawa] |
| Tee | herbata [cherbata] |
| mit Milch / Zucker | z mlekiem / cukrem [s_mlekjem / zukrem] |
| Orangensaft | sok pomarańczowy [sok_pomarantschowih] |
| Suppe | zupa [supa] |
| Fisch / Meeresfrüchte | ryba / frutti di mare [rihba / fruti_di_mare] |
| Fleisch / Geflügel | mięso / drób [miēso / drub] |
| Beilage(n) | dodatki [dodatki] |
| vegetarische Gerichte | potrawy wegetariańskie [potrawih wegetarjanskje] |
| Eier | jaja [jaja] |
| Salat | sałata [ßawata] |
| Dessert | deser [deßer] |
| Obst | owoce [owoze] |
| Eis | lody [lodih] |
| Wein | wino [wino] |
| Bier | piwo [piwo] |
| Wasser | woda [woda] |
| Mineralwasser | woda mineralna [woda mineralna] |
| Limonade | goranżada [oransehada] |
| Ich möchte bezahlen. | (Nie) bardzo mi smakowało. [(nje) bardso_mi ßmakowawo] |

# Meine Entdeckungen

........ - - - - - ........................................................................................................

........ - - - - ........................................................................................................

........ - - - - ........................................................................................................

....... - - - - ........................................................................................................

....... - - - - ........................................................................................................

....... - - - - ........................................................................................................

...... - - - - ........................................................................................................

...... - - - - ........................................................................................................

...... - - - - ........................................................................................................

...... - - - - ........................................................................................................

...... - - - - ........................................................................................................

..... - - - - ........................................................................................................

..... - - - - ........................................................................................................

.... - - - - ........................................................................................................

.... - - - - ........................................................................................................

.... - - - - ........................................................................................................

.... - - - - ........................................................................................................

... - - - - ........................................................................................................

## Clevere Kombination mit POLYGLOTT Stickern

Einfach Ihre eigenen Entdeckungen mit Stickern von 1–16 in der Karte markieren und hier eintragen. Teilen Sie Ihre Entdeckungen auf facebook.com/Polyglottreisewelt.

# Checkliste
# Polnische Ostseeküste

## Nur da gewesen oder schon entdeckt?

☐ **Ostseepanorama**
Von der Wanderdüne Łącka bei Łeba blickt man weit über Sandberge und das Meer. › S. 73

☐ **Bernsteinkunst**
In der Danziger Brigittenkirche erinnert der Hochaltar an den Kampf der Solidarność für die Demokratie in Polen. › S. 89

☐ **Paddeltour auf der Krutynia**
Auf dem herrlichen Fluss kann man einen Tag bis eine Woche lang paddeln – vorbei an sonnigen Wiesen und durch die schattigen Wälder der Johannisburger Heide. › S. 145

☐ **Pierogi Ruskie**
Traditionell, einfach und lecker sind die mit Quark gefüllten und mit Zwiebeln und Speck servierten Teigtaschen. › S. 45

☐ **Ohren- und Augenschmaus**
Die Orgel in Święta Lipka, dem wichtigsten Wallfahrtsort im polnischen Norden, bereitet himmlisches Vergnügen. › S. 139

☐ **Mit dem Fahrrad am Meer entlang**
Von Świnoujście aus kann man eine Radtour in die Kaiserbäder auf der deutschen Seite Usedoms unternehmen. › S. 58

☐ **Westerplatte**
Ein Open-Air-Museum dokumentiert den Wandel vom Seebad zum umkämpften Militärstützpunkt und Symbol für den Frieden. › S. 96

### Mitbringsel für daheim

**Kosmetika von Dr. Irena Eris:** Sie sorgen nicht nur bei Polinnen für schöne zarte Haut. › **S. 16**

**Goldwasser:** Freunde sind Gold wert, also sollte man ihnen diesen Likör schenken. **S. 16**